国土空间与交通规划

一体化平台理论与实践

王 竹 主编

Theory and Practice of Integrated
Territorial Spatial and Transportation Planning Platform

内容提要

　　本书聚焦于国土空间与交通规划一体化这一具有理论前沿性与实践指导意义的课题。从理论层面出发，系统梳理并阐释了国土空间规划与交通规划协同发展的核心理念、方法体系与集成路径，构建了较为系统的理论框架；在实践层面，结合沌口环线、通顺大道汤湖段等典型工程案例，深入探讨了一体化平台在区域交通与国土空间协同规划中的实际应用与成效。全书内容理论与实践并重，既可为国土空间规划、交通规划等领域的研究人员与规划从业者提供参考，也适用于城市规划、地理信息科学、交通运输等相关专业的高校师生作为教学与案例学习资料。

图书在版编目（CIP）数据

国土空间与交通规划一体化平台理论与实践／王竹主编；魏浪，郑小毅，汤文副主编. -- 北京：中国电力出版社，2025. 6. -- ISBN 978-7-5239-0019-2

Ⅰ. F129.9；U491.1

中国国家版本馆 CIP 数据核字第 2025RU0470 号

出版发行：中国电力出版社
地　　址：北京市东城区北京站西街 19 号（邮政编码 100005）
网　　址：http://www.cepp.sgcc.com.cn
责任编辑：谭学奇（010-63412218）
责任校对：黄　蓓　朱丽芳
装帧设计：赵姗姗
责任印制：吴　迪

印　　刷：三河市万龙印装有限公司
版　　次：2025 年 6 月第一版
印　　次：2025 年 6 月北京第一次印刷
开　　本：787 毫米×1092 毫米　16 开本
印　　张：12.5
字　　数：266 千字
印　　数：0001—1000 册
定　　价：100.00 元

《国土空间与交通规划一体化平台理论与实践》

编写委员会

主　　编：王　竹

副 主 编：魏　浪　　郑小毅　　汤　文　　汤辉建

参编人员：徐　琳　　陈玲娟　　何雅琴　　佘越宇

　　　　　丁　英　　蔡军旗　　严伟政　　刘心怡

序

在当今社会快速发展的进程中，城市规划领域面临着前所未有的挑战与机遇。随着城市化进程的加速，国土空间的合理规划与有效利用，以及交通系统的高效布局与顺畅运行，已成为实现城市可持续发展的关键因素，《国土空间与交通规划一体化平台理论与实践》为解决这些复杂问题提供了宝贵的思路与方法。国土空间与交通系统紧密相连，二者相互影响、相互作用，合理的国土空间规划是交通系统有序发展的基础，它决定了交通需求的分布与强度；然而高效的交通系统则是国土空间优化布局的支撑，能够促进区域间的联系与协同发展。本书作者敏锐地捕捉到这一关系的重要性，深入探索国土空间与交通规划的一体化模式，具有重要的理论与实践意义。

在理论层面，本书系统地阐述了国土空间与交通规划一体化的相关理论。从大数据技术的应用创新，到国土空间的时空演化规律，再到精细化交通规划方法以及二者的互馈理论，为读者构建了一个坚实的理论框架，这不仅有助于专业人士深入理解相关原理，也为相关学科的研究提供了有益的参考。在实践方面，本书通过具体的工程案例，如沌口环线项目和通顺大道汤湖段项目等，详细展示了一体化规划在实际中的应用。这些案例涵盖了不同类型的项目，具有广泛的代表性，使读者能够直观地感受到一体化规划如何在现实中落地生根，为城市规划者和决策者提供了宝贵的实践经验。书中所介绍的一体化平台功能，更是为国土空间与交通规划提供了有力的工具支持，该平台集成了数据管理、情景模拟、评价分析等多种功能，能够帮助规划者更加科学、高效地进行规划工作，实现国土空间与交通规划的动态优化。

总之，本书是一本兼具理论深度与实践价值的专著。国土空间与交通互馈理论的研究是本书的核心内容之一，这一理论框架为实现国土空间与交通的协调发展提供了科学指导，有助于打破传统规划中土地利用与交通规划脱节的局面，促进二者的有机融合。本书的另一个重要贡献是对一体化评价方法及平台应用的详细介绍，通过构建科学合理的土地与交通协调度评价体系，能够对国土空间与交通一体化的发展程度进行全面、客观的评价。同时，一体化平台的功能展示和应用流程介绍，为规划者提供了一个强大的工具，使其能够更加高效地进行规划设计、模拟分析和决策评估。它将为城市规划领域的专业人士、学者以及相关从业者提供重要的指导和启示，推动国土空间与交通规划一体化的发展进程，为实现城市的可持续发展贡献力量。在学术研究日益深入、学科交叉日益频繁的今天，本书的出版具有重要的学术价值和实践意义，它为城市规划、交通工程、地理信息等相关领域的专业人士提供了一本系统全面的参考书籍。

浙江大学建筑工程学院教授

智慧交通浙江省工程研究中心主任

2025 年 1 月 15 日

前言

在当代城市与区域发展进程中，国土空间规划和交通规划的协同整合已成为实现可持续发展的关键要素。国土空间为交通系统提供了物质载体与发展依托，而交通规划则是国土空间结构优化与功能发挥的重要驱动力，两者之间紧密相连、相互影响。然而，在传统的规划模式中，国土空间规划与交通规划缺乏有效协同机制，导致了资源浪费、交通拥堵等一系列问题。因此，构建一个能实现国土空间与交通规划一体化的平台，成为新时代城市规划领域的迫切需求。

本书聚焦于国土空间与交通规划一体化这一前沿性课题，旨在打破传统规划模式的壁垒，通过理论研究与实践案例相结合的方式，深入探讨如何构建一个综合性的规划平台，以实现国土空间与交通规划的无缝对接与协同优化。

全书共分七章，第一章主要介绍国土空间与交通机制一体化的研究现状、发展趋势及面临的技术问题和研究思想；第二章介绍了大数据技术的应用及创新；第三章介绍了国土空间的时空演化规律；第四章介绍了精细化交通规划方法；第五章主要介绍了国土空间与交通规划互馈理论；第六章介绍了国土空间与交通规划一体化评价方法及平台应用；第七章结合工程实践案例，全面总结了一体化平台在实际应用中的效果与经验。

本书不仅适用于国土空间规划、交通规划等专业领域的研究人员与从业者，还可为城市规划、地理科学、交通运输等相关学科的师生提供有益的参考与学习资料。希望通过本书的出版，能够推动国土空间与交通规划一体化理念广泛传播与实践深入发展，为构建更加高效、宜居、可持续发展的城市与区域空间格局贡献力量。

本书的写作得到了国内外学者的大力支持，特别是王殿海教授在百忙之中审阅了书稿并作序，在此一并表示诚挚的感谢。此外，感谢曾飞、许博、周子煜为本书提供案例素材，研究生管一军、谭飞洋等绘制书中插图等。

本书在写作过程中参阅了大量的文献资料，在此向相关作者表示真诚的谢意。

由于作者水平有限，写作过程中难免存在叙述与表达欠妥之处，恳请读者批评指正。

编著者

2025 年 1 月

目录
CONTENTS

第一章

概　述

在新时代背景下，城市空间格局正面临"生产、生活、生态"等多系统协同发展的全新要求。作为连接不同社会活动、保障城市功能正常运行的关键要素，交通系统的可达性和协调性对"生产—生活—生态"三生空间的有效链接和优化配置起着至关重要的作用。尤其在提升城市安全韧性和综合活力方面，交通网络与国土空间布局的有机融合，直接影响着城市的可持续发展和应对复杂变化的能力。因此，在推动城市高质量发展、城乡一体化和区域协同发展的过程中，国土空间与交通规划的一体化显得尤为迫切和重要。随着大数据技术、人工智能和物联网等新一代信息技术的迅猛发展，基于多源数据的城市发展情境推演为一体化规划工作提供了全新的机遇。这些技术不仅提升了对复杂交通流和空间利用的动态监测能力，也为精准预测国土空间利用演化规律提供了可能。因此，开展针对国土空间与交通规划一体化的理论研究与实践探索，不仅是学术界和行业发展的需求，更是应对未来城市化进程中挑战的必然选择。

第一节　国内外研究现状及应用情况

城市国土空间与交通一体化的研究已成为交通规划领域的一个重要课题。国内外学者普遍认为，城市国土空间形态不仅深刻影响城市交通格局与发展模式，还决定了交通网络的建设与优化方向。具体而言，城市交通系统的发展会反过来推动城市空间格局的演化，并促使国土空间模式发生重组。为此，交通与国土空间的一体化研究旨在通过协同评价方法，探讨交通网络与国土空间之间的互动关系，从而形成双向反馈机制，实现国土空间与交通发展之间的协调和优化。

一、国外研究现状

国内外学者在 LUTI 相关的理论与实证、模型与方法及应用性研究层次均已取得了显著成果。关于一体化模型，国外研究起步早。现有的 LUTI 模型主要分为六大类：劳瑞（Lowry）模型、数学优化类模型、空间投入产出模型、基于社会经济学理论模型、微观仿真模型和元胞自动机模型。

（一）劳瑞（Lowry）模型

劳瑞（Lowry）模型[1]最早可追溯到 Lowry 于 1964 年提出的空间相互作用模型，其继承 Christaller 的区位理论思想,通过模拟城市居民和社会服务活动的区位格局,以定量描述交通与国土空间的相互作用,开创了国土空间与交通相互关系研究的先河。

随后各国学者和规划界人士基于劳瑞模型开发扩展了一系列模型,Putman[2]等开发了交通土地一体化软件包 ITLUP(Integrated Transportation Land Use Package),这个软件包结合了居住分配模型 DRAM、就业分配模型 EMPAL 与传统四阶段交通规划模型。ITLUP 作为第一个国土空间与交通一体化专业软件,其提供了非集聚居民分配模型和就业分配模型两个子模型间相互反馈的机制。

劳瑞模型模拟了城市的基础部门就业、服务部门就业和家庭部门的区位格局,其由经济基础模型和重力模型两部分构成。基本运算流程分两步:首先,经济基础模型在给定基础人口的前提下推算出服务人口和总人口;然后,利用重力模型,确定上一步得到的服务人口的工作区位和城市总人口的居住区位[3]。模型包括居民区位选择模型和服务部门区位选择模型,但假设研究对象区域与外界不存在人员流动。

劳瑞模型缺点为:①研究对象较封闭;②对城市行为描述简单且缺乏理论依据,对区位选择和交通的关系缺乏科学解释;③属于静态模型,没有设置时间变量,不能将城市的现有结构作为城市后期发展的一个约束条件;④模型仅对服务部门就业进行了研究,对基础部门的区位选择没有进行研究[3]。

(二)空间投入—产出模型

空间投入—产出模型阐述了不同区域内经济活动区位的商品区域间人员以及空间模式的流动状况,在空间尺度上解释了国土空间利用变化规律,并能够解决有关大尺度区域的交通与土地问题。

空间投入—产出模型从空间尺度上揭示国土空间利用变化规律且能处理大尺度区域的土地与交通问题[4]。空间投入—产出模型旨在阐述不同区域内经济活动区位的空间模式和区域间人员及商品的流动。模型的构建综合考虑了房地产市场、劳动力市场及交通需求量,依照国民经济分析中常用的投入产出表,在最终需求已知的条件下,对产业间的经济交换进行空间区位预测。其中比较具有代表性的模型有 MEPLAN 模型、TRANUS 模型以及 DELTA 模型。

应用较为广泛的是 MEPLAN[5]模型,现已开发成为成熟的专用软件,其软件架构考虑两个平行的市场,即土地市场和交通市场。它是使用多象限投入投出空间模型,把国土空间和交通系统当作市场的概念,建立交通费用和住房价格之间的"地租函数"。

MEPLAN 模型软件架构主要由交通模块、经济评估模块以及地利用模块组成,另外包含 FRED 接口程序。

软件主要由三个模块组成,分别为国土空间模块、交通模块和经济评估模块,此外还包含一个接口程序(FRED)。国土空间模块用来模拟就业、人口以及商业活动等因素的空间分布;交通模块则进行交通方式划分、路线分配和容量限制评估。FRED 则连接了国土空间模块与交通模块，处理两个模块之间的双向互动关系。FRED 接口程序直接通过国土空间模块的计算结果对交通出行总量和出行分布进行估算；此外，FRED 接口把交通评估结果传输至国土空间模块，揭示出交通变化如何影响下一时期的国土空间情况。模块之间以 5 年为周期进行迭代运算。经济评估模块综合国土空间模块、交通模块、FRED 接口三者的结果，并将其结果与其他模拟情景或基准情景进行比较。

TRANUS[6] 模型主要用来评估交通因素、社会经济及城市政策对国土空间所产生的影响，模拟交通政策对区位选址、土地市场和经济活动之间的相互作用关系及影响。

DELTA[7] 模型，在城市级别，预测城市居民家庭、人口、就业岗位的区位变化和房地产市场开发数量；在区域级别，预测区域经济变化及城乡之间的迁移情况。

（三）线性规划模型

线性规划模型是在指定条件下，为寻求最优化交通系统目标下国土空间的空间分布策略方法。其中应用比较广泛的是芝加哥区域模型（CAM）[8] 和国土空间优化信息系统（POLIS）[9]。

（四）经济学模型

社会经济学模型是在经济学理论的基础上，分析土地市场与交通市场的关系[10]。

（五）微观仿真模型

城市交通与国土空间一体化模型表现出从宏观集计模型（aggregated model）到非集计模型（disaggregated model），再到微观行为模型（behavior-based model）的发展趋势。20世纪后期，随着计算机技术的快速发展及计算机性能大幅提升，使城市空间应用模型所依赖的大数据处理成为可能。以企业、家庭及个人等微观个体作为模拟基本对象的微观仿真模型受到各国学者的青睐。

微观仿真模型是在微观角度上模拟土地与交通决策主体，并通过计算机模拟分析实现。

在 20 世纪 70 年代，国家经济研究局（NBER）和住房和城市发展部（HUDS）联合开发的模型标志着城市规划和经济研究领域的一次重大进步[11]。紧随其后，英国的 Mackett 教授开发了 MASTER[12] 模型，这是一个创新的城市发展模型，专门考虑到了人口增长和家庭结构的变化，为理解城市扩张提供了新的视角。

Martinez 的 MUSSA[13] 采用了一个独特的视角，通过模拟个体在拍卖过程中竞价选择土地，来达到国土空间的均衡状态。这种方法为分析土地市场的微观机制提供了深刻的理解。到了 90 年代末，华盛顿大学 Waddell 教授及其学生开发了 Urbansim 土地—交通一体化开源软件[14]，不仅考虑了国土空间和交通系统的相互作用，而且还纳入了政策决策对土地和交通的影响，是一个较为全面的城市交通与土地空间利用预测及分析模型。

（六）元胞自动机

目前，元胞自动机模型（Cellular Automata，CA）已成为城市规划建模及仿真的重要工具，致力于在真实地理环境中模拟城市的真实演化过程，旨在通过分析历史趋势来预测未来城市的演变。基于元胞自动机的国土空间—交通一体化模型代表有 SLEUTH 模型[15] 和 CLUE.S[16]。它们是基于元胞自动机的用来仿真非城市土地（农田，森林）转变成城市土地（城市居民住宅，商业，工业用地）模型。然而，传统的元胞自动机模型，很难反映人口变化、政策以及经济对土地规划和交通变化的影响。因应这一挑战，21 世纪初，研究者将智能体模型与元胞自动机进行结合，以研究土地空间利用的变化[17-19]。智能体具有自主性，在共有环境下能相互间通信与作用，根据环境进行决策。这种方法通过模拟智能体周围的相关环境和假设，使它们能够在寻求某种优化条件的同时，控制自己的决策行为，从而提供了一个更加动态和互动的城市演化模拟框架。

综上，LUTI 模型类型、代表软件及优缺点如表 1-1 所示。

表 1-1　　　　　　　　　LUTI 模型类型、代表软件及优缺点分类表

LUTI 模型	模型概述	代表软件	软件描述	优缺点
劳瑞模型（空间相互作用模型）	将城市空间看成由交通网络与国土空间组成的综合体，将社会经济活动分为家庭、基础生产部门、服务部门三大类。基于给定的基础部门的区位，预测居民点、服务部门的空间分布	ITLUP	首个交通—土地一体化模型，ITLUP 结合非集聚居民分配模型、就业分配模型与传统四阶段交通规划模型	优点：应用经济学原理，模拟了劳动与就业、消费与服务供给的市场匹配关系 缺点：①研究对象封闭，假设研究对象与外界不存在人员流动；②属于静态模型
数学优化类模型（线性规划模型）	在给定条件下，按特定衡量指标来寻找最优化交通系统目标下的国土空间的空间分布策略	芝加哥区域模型 CAM、POLIS	用简洁的数学流程框架明确表示城镇国土空间与交通之间的复杂互动问题；构建一系列反映居住、就业等关系的数学方程及线性规划约束条件	优点：模型目标明确；缺点：简化的约束条件很难准确描述复杂的国土空间和交通的相互作用关系
空间投入产出模型	从空间尺度上揭示国土空间利用变化规律，处理大尺度区域的土地与交通问题；旨在阐述不同区域内经济活动区位的空间模式和区域间人员及商品的流动	MEPLAN	主要由三个模块组成，分别为国土空间模块、交通模块和经济评估模块，此外还包含一个接口程序（FRED），连接了国土空间模块与交通模块	优点：综合性强，建模时使用相关变量描述国土空间和交通的相互关系；进行大量预估，以减少数据依赖。 缺点：模型校准难度大
经济学模型	基于经济学理论，分析土地市场与交通市场的关系，采用城市经济学竞租理论模拟决策者的区位竞价	LUTE	在理想稳定的城市系统模型基础上融合环境因素，建立土地、交通与环境的一体化模型	优点：综合性强，支持政策评估和动态模拟；缺点：需要大量数据输入；预测准确性受假设参数的限制
微观仿真模型	从微观角度模拟土地与交通决策主体的行为，并通过计算机模拟分析实现。采用自下而上的过程，有效地对个体层面进行分析	Urbansim	模型充分考虑城市增长管理、城市国土空间和政策分析，以居民、就业政府为研究对象，预测和模拟城市空间增长方向	优点：基于行为理论模型体系，大大增强了模型的经济学意义；能够真实反映模拟过程中的实际情况；缺点：输入数据量大
元胞自动机模型	用于仿真非城市土地转变成城市土地的模型	SLEUTH	集成了城市增长和国土空间/覆盖变化模型，基于交通、地形以及城市化等因素，计算每个元胞的发展可能性	优点：易于操作、对政策分析敏感 缺点：单一元胞自动机模型，很难表征人口变化、政策影响

国外学者对于 LUTI 模型展开了大量的实践应用。Gerber[20]构建了第一个适用于卢森堡的国土空间和交通互动框架 MOEBIUS，由个人尺度上的动态微观模拟和居住选择的微观空间尺度模拟两部分组成。Aditya[21]构建了基于元胞自动机的 LUTI 模型，以揭示港口城市形态的动态变化。Wang[22]通过 MARS 模型对马德里地区进行了模拟，并在 LUTI 模型中加入潜在可达性和适应性可达性指标，以评估交通政策对可达性的影响。Basu[23]开发了一种方法，将任何原形交通基础设施网络转化为合理的国土空间分区规划和合成人口，以适用于 LUTI 虚拟城市微观模拟。该方法能解决 LUTI 模型的数据输入问题，并帮助从个性化的 LUTI 模型向共享的综合城市建模平台过渡。Luis A[24]为波哥大构建了一个动态国土空间和交通互动模型，基于 MARS 模型模拟波哥大地区国土空间与交通运输之间在总体层面的动态互动过程。Sarri[25,26]利用 LUTI 模型模拟了自动驾驶汽车政策执行后，行程时间大大减少后对国土空间的影响。这些应用案例表明，LUTI 模型不仅是理论研究的产物，它们也已经在全球范围内被用于解决实际的城市规划和交通管理问题。通过将这些模型应用于具体的城市环境和政策评估中，研究者和规划者能够更深入地理解城市国土空间与交通系统之间复杂的相互作用，为制定更有效的城市政策和规划策略提供了科学依据。

二、国内研究现状

国内对于 LUTI 模型的研究始于 20 世纪 80 年代后期，中国科学院于 1987 年承担的《大城市综合交通体系规划模式研究》项目系统提出了有关城市国土空间强度与交通需求互动关系的定量分析方法，相关研究随之起步。随着中国城市化进程的加快，城市交通与土地规划问题凸显，越来越多的学者试图基于数学规划和统计学分析的方法建立理论模型，并结合大中尺度的区域进行实证研究。

陆化普[27]、杨励雅[28]等构建了国土空间形态与交通结构组合优化模型，采用总出行时间来衡量国土空间形态的交通效率，目标是达到交通效率的最优化，强调了国土空间和交通系统间密切的关联性，以及如何通过优化二者的关系以提高交通效率。安居[29]构建了弹性交通均衡模型和土地开发余量推算模型，旨在结合交通承载力与国土空间强度因素，以优化国土空间为目标。刘志伟[30]、江航[31]等构建了国土空间—交通双层反馈模型，以多模式交通网络均衡为约束，并以国土空间布局优化为目标，通过双层的反馈机制，揭示了国土空间布局与多模式交通系统间的相互作用。赵丽元和刘志伟构建了基于微观模拟的 LUTI 互馈模型。其中，赵丽元[32]构建了城市国土空间动态演化模型，结合多智能体模型与元胞自动机模型，描述了土地市场中各智能体的相互关系；而刘志伟基于随机效用最大化理论，从微观角度探索了城市国土空间特征对居民出行方式选择概率的影响。杨励雅[33]构建了灰色系统-BP 神经网络-马尔科夫链组合预测模型，结合城市轨道交通沿线国土空间形态和土地价格的变化规律，预测了轨道交通沿线国土空间性质空间分布和土地价格。

综上所述，国内学者们构建了一系列的 LUTI 模型，主要探讨了国土空间与交通系统之间的相互作用关系，这些多为理论模型，相关变量的经验数据难以获取，与实际情况的结合比较困难。然而，也有一些学者结合中国城市展开了相关应用。谢文智[34]等利用系统动力学方法，建立了武汉市城市国土空间与交通的系统动力学模型。牛方曲构建了国土空间-交通集成模型，模拟城市活动空间分布，称作 SDA（spatial distribution of activities）模型。该模型主要包含 4 个子模型：交通模型、家庭区位模型、经济活动区位模型和房租模型；并以北京市为例模拟国土空间政策对城市空间发展的影响[35]。

造成我国国土空间交通一体化发展缓慢的原因主要有两个。一方面，缺乏是输入数据，人口、社会经济、国土空间和交通等数据都是国土空间和交通一体化模型的重要输入。在我国由于政策等原因，有些所需数据通常是保密级或是有限制公开，数据的不开源性直接阻碍了我国国土空间与交通一体化的研究发展，这也是国内多数研究只能停留在理论阶段的主要原因之一。另一方面，我国国土空间规划管理部门与交通部门之间相互独立，缺乏沟通与协调。土地规划往往忽略其对交通运营的影响，而交通规划也不能预测和改变土地规划和使用状况。以上原因导致了国土空间与交通系统在实际操作中缺乏足够的协调，进而造成城市无序扩张和交通拥堵严重。

国内外学者对于国土空间与交通一体化模型的研究与应用已经取得了丰硕的成果。但因数据源的原因，LUTI 模型在国内发展有限，国内可用于实际政策分析的国土空间交通一体化模型和系统软件还很欠缺。本文在众多已有研究的基础上，将构建基于微观模拟的一体化模型和平台，以便规划者更好地进行政策对比和分析。

三、应用软件情况

目前国内外已有多款土地交通一体化平台应用软件，能够支持城市规划中的国土空间、交通流量模拟、政策评估等功能。以下是国内外在该领域应用较广的典型平台软件：

（一）城市仿真模拟软件（UrbanSim）

城市仿真模拟软件（UrbanSim）诞生于美国华盛顿大学 Paul Waddell 教授的研究团队[36]，该软件把城市作为一个动态非均衡的巨系统，在充分考虑土地规划利用、土地经济以及交通需求等因素的基础上，对城市的人口、岗位增长变化、城市开发建设等未来发展进行多尺度预测和模拟，其仿真结果可为城市规划编制、城市发展决策等提供可靠依据。UrbanSim 主要包括了家庭/就业区位选择模型、土地开发选址模型以及地价/房价预测模型，三者相互作用影响，再结合外部的交通预测模型，相互迭代影响，实现城市空间一体化系统，共同作用城市的模拟预测。

UrbanSim 具有高度模块化的特点，支持自定义模型和集成 GIS 工具，能够通过

Python 接口与其他数据科学工具相结合[37]，为构建城市国土空间和交通空间一体化模型提供基础平台，主要用于城市空间动态增长模拟，城市土地规划和交通政策分析，城市模拟模型提供可达性模型，土地价格模型，经济模型等结构。目前被美国、日本和世界各地多个城市的公共机构、咨询机构和研究人员使用，为使用者提供了一个强大的工具，以科学和数据驱动的方式支持政策制定、长期城市发展和国土空间规划的编制等。主要应用在以下几个方面：

（1）情景分析：UrbanSim 允许城市规划者设计多种城市发展情景[38]，并通过对比分析这些情景来发现城市发展过程中交通因素与城市国土空间的空间布局、社会经济人口等因素之间的相互关系，这种方法有利于寻求最优化交通系统目标下国土空间的空间分布策略，为未来国土空间的空间布局规划提供科学依据。

（2）模拟城市发展：UrbanSim 通过模拟城市内不同人口、用地和交通模式的变化，帮助规划者了解在城市政策、国土空间、交通因素、社会经济因素等综合作用下，城市微观个体的行为变化规律，为城市规划方案的制定提供参考依据。

（3）跨学科仿真：UrbanSim 体现了跨学科仿真模型在土地和基础设施的数字副本上运行的潜力，以探究社区和地区可能迎接的未来，这种应用展现了 UrbanSim 在土地使用和交通运输综合建模方面的能力。

（4）辅助决策：UrbanSim 可以通过输入政策与假设，生成并比较不同场景，计算评估变量并输出结果，包括一系列开发政策、总体规划图、市政规划图、城市增长边界及环境限制条件，因此可以作为辅助决策支持系统，帮助决策者对未明确定义的问题做出明智决策，比如确定投资的优先级、自动化评估开发、土地使用分区申请或类似的行政程序。

（5）精细化城市模拟：UrbanSim 侧重居住区位选择和企业区位选择两个方面对短期的城市发展进行预测，支持空间规划方案的评估，从微观层面（如地块和家庭）识别城市活动主体对规划政策的响应，进而评估规划方案的交通影响。

UrbanSim 数据的预处理是整个仿真工作中的基础环节，但这一过程极为复杂且具有挑战性，尤其是在将多边形数据转换为栅格数据时。由于部分系统参数不适用于我国的实际情况，需要进行相应的调整。例如，需求模块中的通达性公式主要基于拥有私家车的家庭，这一假设并不符合我国的交通特征和家庭结构，亟须根据中国国情进行修正。此外，模型中的一些内部参数，如土地开发行为和交通需求预测等，也需要针对我国的城市化进程进行具体调整，以提高模型的现实性和适用性。此外，UrbanSim 在处理空间离散性时可能会丢失部分重要数据，特别是在数据表格转换过程中，可能导致细节信息的缺失。因此，如何优化数据处理过程，确保数据完整性和精度，是 UrbanSim 模型进一步改进的一个重要方向。

（二）MATSim

MATSim（multi-agent transport simulation）由柏林工业大学的 Kai Nagel 教授、苏黎世

联邦理工学院的 Kay Axhausen 教授以及多位学术界与业界专业人士共同创建，是一个开源的、基于多智能体的交通仿真工具，至今仍在不断扩展与开发中，主要用于模拟和优化大型城市区域的出行模式，支持交通需求与土地使用相结合地建模。使用协同进化算法来寻找交通统平衡状态，这种方法可以优化整个时间表的经验效用，是 MATSim 在交通模拟领域的一大特色。

MATSim 提供了多种交通流模型，包括物理模拟、元胞自动机、基于队列的模拟、细观模型和宏观模型等，这使得它能够适应不同的模拟需求和场景，允许用户根据自己的需求添加新的功能和模块，能在微观层面上仿真个体出行行为，适合分析交通拥堵、公共交通需求等，在交通模拟和规划中的灵活性和实用性均较高。MATSim 能够模拟多种交通模式，包括小汽车、公共交通、步行、自行车、动态 ride-sharing 等，也能够模拟大型都市区的详细交通情况，并且可以模拟整个白天的交通情况，实现秒级别的动态仿真结果。

MATSim 是基于 Java 开发的，可以在任何主流操作系统上运行，并且拥有活跃的开发社区，提供了内置的数据分析工具，可以生成仿真结果的总结，并以图表形式展示，同时它也提供原始数据供用户进行自定义分析，以适应不同的仿真需求。适合于需要高度定制化和大规模模拟的研究和应用，目前被广泛应用于欧洲（如德国、瑞士）的大城市交通规划和出行需求预测、政策评估、交通研究和动态的土地使用影响评估等。主要应用在以下几个方面：

（1）城市规划和交通模拟：MATSim 模型被广泛应用于城市规划和交通模拟中，它能够模拟个体旅行者在交通网络中的移动，包括各种交通模式，如汽车、公共交通、步行、自行车等。瑞士联邦铁路公司（SBB）自 2018 年以来一直在使用 MATSim 模型覆盖整个瑞士，用于多种规划目的。除了 SBB，其他企业如大众集团的 MOIA 提供共享出行服务，并使用 MATSim 进行相关模拟；ARUP 利用 MATSim 在英国构建各种模型，并在新西兰构建全国性的 ABM 模型。

（2）交通政策模拟测试：MATSim 能够评估不同交通政策对交通流量、出行时间、交通拥堵和环境影响的影响。例如，可以模拟限行措施对交通流量的影响，并作为基础框架开发定制化的交通咨询服务。

（3）个性化出行建议：MATSim 模型可以嵌入到应用程序中，提供个性化出行建议功能，帮助用户选择最佳出行方式和路线。

（4）学术研究：MATSim 模型因其开源特性和灵活性，被广泛用于学术研究，探索城市交通流动态和个体决策过程。

MATSim 采用多智能体模拟方法，在模拟复杂交通系统和社会经济活动方面具有明显优势，不仅能模拟交通流，还可以模拟大量的个体出行者日常活动和出行决策，通过使用协同进化算法来寻找交通系统的平衡状态，给出行者提供优化方案，这使得它在分析交通政策对人们日常生活的影响方面具有独特优势。但在决策过程透明度、新型数据类型、同数据源融合等方面表现存在局限性，难以适应交通系统快速变化的需求，需要在实际应用中不断调整和优化，以确保模型的准确性和效率。

（三）Dynacity

Dynacity 是一种基于 GIS 平台的人机交互式规划支持系统，主要用于国土空间规划、交通规划、环境规划以及能源利用规划等领域，计算不同规划方案对城市国土空间、交通、环境、能源等方面的影响，并利用多指标评价理论和方法，根据各方面的指标值，定量地评价各个方案。

DynaCity 平台整合了宏观与微观模型，实现了国土空间与交通多尺度的模拟，使得平台能够更全面地评估不同规划方案的影响，提高规划的科学性和准确性；支持基于情景规划的思想，能够为规划者和普通公众提供一个互动、沟通、交流的平台，便于各方比较和选择不同情景规划方案，可应用于不同类型的城市规划项目中，包括城市国土空间规划、交通规划、城市发展预测等，具有广泛的应用前景，主要表现在以下几个方面：

（1）交通与国土空间一体化研究：Dynacity 模型可以作为城市交通与国土空间一体化模型的核心算法，分析和模拟城市交通与国土空间交互过程，优化城市空间结构、解决城市交通问题以及实现可持续发展。从交通可达性入手，提出适用于国土空间规划的复合可达性模型，结合传统的时空阻隔模型、机会累计模型、空间交互模型等，引入交通方式和国土空间两方面的因素，综合交通模式、出行时间等交通超空间性指标，促进城市交通与国土空间的协同发展。

（2）交通设施规划管控：Dynacity 模型可以应用于构建国土空间总体规划中的交通设施管控体系，明确各层级交通设施的管控内容深度、传导及数据表达要求。模型依托国土空间"一张图"平台，搭建"市级国土空间总体规划—区级国土空间总体规划—详细规划"的交通规划管控体系，进行了交通目标指标的定量研究和道路网络、轨道交通网络、重大交通枢纽等方面的反馈，实现跨区域的协同规划管理。

（3）辅助城市规划决策：Dynacity 模型可以集成多部门多元异构数据并统一编码，构建追踪城市交通与用地演变规律的指标体系，并研发可视化交互联动推演决策技术，支持空间数据的实时监控、历史回放、模拟推演，辅助城市规划决策，支撑国土空间中心体系规划、重点地区图则修编等，提升超大城市空间治理精细化水平。

（4）国土空间变化模拟：Dynacity 模型可以提供多方案多指标的分析、评估、模拟、预演，用于模拟国土空间变化，评估国土空间系统对生态系统的影响，并支持国土空间规划和政策制定。该模型可以结合多源大数据的空间信息动态感知与快速识别模型体系，耦合人类活动和自然环境作用的综合评价模型体系，以及基于人工智能的国土空间模拟预测模型体系，为国土空间规划实施监督提供技术支撑。

（5）监测评估预警：Dynacity 模型可以构建国土空间规划监测评估预警模型体系，覆盖监测—评估—预警的全生命周期，利用人工智能、大数据和云计算技术，实现国土空间规划的动态监测、准确评估和及时预警，并构建多用户模型应用系统，支持在线用地与交通设施编辑及实时评估，实现复杂模型在规划编制管理中的场景化、标准化、系统化应用。

DynaCity 一体化平台在模型整合能力、情景规划支持和应用广泛性方面具有显著优势，但同时也存在数据安全风险问题。作为一个一体化平台，DynaCity 汇集了大量个人信息和敏感数据，为数据安全带来了巨大的挑战，对数据保护提出了较高要求。另外，DynaCity 也存在操作复杂性、监管复杂性、第三方服务依赖以及个性化需求满足不足等缺陷也是该系统的潜在问题。

（四）Cube Land

Cube Land 是由美国 Citilabs 公司开发的 Cube 软件中的一个模块，专注于土地使用预测。Cube 是一个综合、强大的脚本驱动型软件平台，用于构建和应用复杂的运输——土地使用系统模型和模拟。Cube Land 模块整合了交通与国土空间的模型，是一款基于经济的国土空间预测软件，特别是用于和交通模型的集成整合，它基于 MUSSA Ⅱ 模型框架，最初在圣地亚哥应用于国土空间和交通政策的研究，并被纳入 CUBE 软件体系中。Cube Land 能够基于土地价值、交通可达性、历史趋势、各种政策预测国土空间的变化，并通过招标拍卖理论模拟国土空间定价，用于分析土地使用和交通系统的互动关系，适用于区域规划和需求管理。Cube Land 支持国土空间模型、人口分布模拟、交通预测的综合分析，特别适合与 Cube 的交通模型无缝集成。

Cube Land 可以模拟土地使用与交通发展之间的互动及影响，在城市规划、交通规划和环境评估等多个领域具有广泛的适用性，主要应用场景有以下几个方面：

（1）国土空间预测：Cube Land 是一款基于经济的国土空间预测软件，特别适用于与交通模型的集成整合，它可以仿真不动产市场，模拟土地的使用，并根据土地价值、交通可达性、历史趋势和各种政策来预测国土空间的变化，从而找出土地使用的供需平衡点。

（2）交通与国土空间互动分析：Cube Land 可以用于交通规划中，通过模拟土地使用和交通发展之间的互动及影响，为交通规划提供支持，其与用于运输规划集成建模的 Cube Voyager 结合使用，可以方便地实现国土空间与交通需求方面的循环反馈，从而更好地平衡交通需求和国土空间，为城市国土空间和交通规划提供决策支持。

（3）政策评估：Cube Land 可以模拟国土空间定价，预测土地的租金/价格，从而更好地评估土地开发压力和政策对土地使用的影响，还可以用于城市规划和管理中，模拟规则和限制带来的影响以及补贴的发放。以帮助规划者和决策者预测城市扩展的趋势，评估不同政策的影响，并制定更有效的城市规划策略。

（4）环境影响评估：Cube Land 可以与其他模型如 Cube Polar 结合，评估交通项目对环境的影响，包括空气质量等。

（5）宏观层面的战略规划：Cube Land 作为 Cube 软件系列的一部分，提供了一个强大的工具。在宏观层面，Cube Land 可用于战略和多模式规划，包括研究详细的、主要的道路网络和公共交通系统，助力交通规划专业人士清晰地可视化并轻松测试任意数量的场景方案，以对比潜在益处并预测意外后果。

Cube Land 使用严谨的微观经济学方法实现土地供应和土地需求间的经济平衡，模型预测的科学性和准确性较高，并且因为有 Cube 系统的支持，可以全面集成相关软件，功能强大。但模型高精度模拟的特点又对参数提出较高要求，导致在基础数据缺乏时模型更新缓慢、精度受限，在区域尺度应用时，模型本地化困难，需要用户在将模型应用于实际场景之前进行验证和调整。

（五）GeoSOS

地理模拟优化系统（GeoSOS）是由华东师范大学地理科学学院黎夏教授提出理论并和他的团队开发的。GeoSOS 集成了元胞自动机（CA）、代理模型（ABMs）和群体智能模型（SIMs），用于解决地理过程模拟和复杂空间优化问题，如国土空间变化、城市增长、自然保护区域划分和设施选址等。该系统具备将模拟和优化耦合的能力，从而能够显著改善模拟及优化的结果，为复杂资源环境模拟和优化提供了强有力的过程分析工具。GeoSOS 模型包括独立的 GeoSOS 软件和 GeoSOS for ArcGIS 两个部分，后者是运行在 ArcGIS 桌面 10.x 平台上的一个 ArcMap 插件。GeoSOS 软件采用面向对象编程范式设计，使用 Microsoft .NET Framework 2.0 和 C#实现。作为一个自下而上的方法，GeoSOS 由三个主要的集成组件组成：元胞自动机（CA）、多智能体系统（MAS）和群体智能（SI）。该系统配备了常见的 CA 算法，如 MCE-CA、logistic-CA、PCA-CA、ANN-CA 和决策树-CA，同时提供了通过修改蚁群算法得到的空间优化算法，如设施选址、路径寻找和区域优化等。GeoSOS 的集成 CA 与 MAS 使得系统能够处理更复杂的模拟任务，包括社会和人文因素。GeoSOS 模型能够模拟、预测和优化各种地理现象，如土地开发、国土空间变化、景观和生态演变等。该系统为学术界、规划行业和政府部门提供了更科学、更智能的研究和决策支持。

GeoSOS 系统是国内应用最广泛的国产模拟模型软件之一，它采用神经网络算法从一期国土空间数据与多种驱动力因子获取各类用地类型在研究范围内的适宜性概率，能够有效模拟国土空间变化的历史趋势，并可用于未来情景下城乡建设用地扩张的预测，具有较高的模拟精度和实用性，特别是在城市扩张与生态保护研究中的应用。GeoSOS 是一个多功能的地理模拟优化工具，它在城市规划、国土空间变化模拟、环境管理、国土空间规划等多个领域都有广泛的应用，主要包括以下几个方面：

（1）城市发展模拟及城市增长边界划定：GeoSOS 模型可以用于模拟城市发展和划

定城市增长边界，分析国土空间分布格局的变化，并提供城市内部国土空间变化的详细模拟及识别热点区域变化，有助于理解城市内部结构的变化，帮助规划者理解城市发展对环境的影响，并制定相应的管理策略和政策，对城市规划和环境管理具有重要意义。

（2）国土空间规划及大尺度国土空间变化模拟：模型可为"三区三线"研究提供模型和工具支撑，适用于大范围的国土空间变化模拟，并能够分析这些变化带来的效应，用于分析不同区域国土空间类型的适宜性，以有效指导土地资源的合理利用和保护，应用于快速城市化地区的城市扩张与生态保护研究，分析城市扩张对生态保护的影响。

（3）用地分析预警：模型用于地理国情信息的分析，帮助形成地理国情信息和知识，还可以预警农田或自然用地类型的损失，为农业保护和自然资源管理提供支持。

GeoSOS 是一个强大的综合分析平台，能够有效模拟和优化复杂的地理过程和格局，根据训练数据自动获取最佳的模型参数，简化模型的校准过程，为动态优化提供了强有力的工具，在地理模拟和优化领域具有强大的功能和灵活性。但对于数据的更新频率和机制有特定要求，特别是在数据处理、模型普适性和计算资源方面存在一定的局限性，难以清楚反映不同区位上国土空间变化的空间差异。

（六）PLUS

PLUS（patch-generating land use simulation model）是由中国地质大学（武汉）地理与信息工程学院&国家 GIS 工程技术研究中心的高性能空间计算智能实验室（HPSCIL）开发，是一个基于栅格数据的国土空间/土地覆盖变化模拟的元胞自动机（CA）模型。该模型集成了基于土地扩张分析的规则挖掘方法和基于多类型随机种子机制的 CA 模型，用于挖掘土地扩张的驱动因素并预测国土空间景观的斑块级演化。

PLUS 的核心包括 LEAS 和 CARS 两个模块：

（1）用地扩张分析策略（LEAS）模块：这个模块提取两期国土空间变化间各类用地扩张的部分，并从增加部分中采样，采用随机森林算法逐一对各类国土空间扩张和驱动力的因素进行挖掘，获取各类用地的发展概率，及驱动因素对该时段各类用地扩张的贡献。

（2）基于多类随机斑块种子的 CA 模块（CARS）：结合随机种子生成和阈值递减机制，PLUS 模型得以在发展概率的约束下，时空动态地模拟斑块的自动生成。

PLUS 模型的应用范围广泛，包括国土空间/土地覆盖变化模拟、政策制定、国土空间变化规律挖掘、城市规划、生态安全预警等。模型的创新和优势在于其能够通过解读用地之间的深层次关系来进行未来用地变化模拟，解析用地变化策略，从而提高模拟精度，且用户界面友好，操作简单。主要应用场景包括以下几个领域：

（1）国土空间变化规律挖掘：PLUS 模型可以用于模拟国土空间和土地覆盖（LULC）的变化，挖掘土地扩张的驱动因素，分析年度土地覆盖动态，预测未来国土空间状况，帮助研究者和决策者理解和预测国土空间变化的规律，支持可持续土地管理决策。

（2）辅助规划决策：PLUS 预测城市发展对国土空间的影响，通过模拟不同政策情景下的国土空间变化，为城市规划提供决策支持，并为政策制定提供科学依据。

（3）生态安全预警：PLUS 模型结合 InVEST 模型可以对生态系统服务功能进行量化与评价，生态安全预警，分析国土空间变化对生态系统服务的影响，评估国土空间变化对生态安全的影响。

（4）多情景模拟：PLUS 模型可以进行多情景模拟，评估不同情景下国土空间对潜在生态系统服务功能的影响。

这些应用场景显示了 PLUS 模型在国土空间模拟方面具有显著的优势，在环境科学、城市规划、政策制定及生态安全预警等领域的独特价值和广泛应用潜力，但也存在一些局限性，比如 PLUS 模型的模拟精度过于依赖于输入数据的质量和分辨率，数据的不准确或过时可能影响模拟结果的可靠性，对具体数据的一些细节和特征的捕捉过于抽象，需要专业的知识和技能进行参数调整和校准，对于非专业用户可能存在一定的门槛，数据操作和分析方式方面缺乏一定灵活性，需要用户在使用时注意并进行相应的调整和优化。

第二节　国土空间与交通一体化发展趋势

党的十八大以来，生态文明建设理念全面融入城市规划与治理的各个方面。在机构改革的推动下，对国土空间的合理规划与优化配置，以及城市治理体系和治理能力现代化的建设，成为推动高质量发展的重要内容。特别是在国土空间与交通一体化的背景下，通过构建常态化的城市体检评估机制，深入识别城市发展中的国土空间效率、交通网络协调性等关键问题，为科学制定综合解决方案提供数据支撑和技术保障。

目前一体化发展趋势转变为以国土空间与交通规划的深度融合为核心，以交通网络优化驱动空间功能的合理布局，推动城市形成和谐宜居、富有活力且高效运转的空间格局。在此基础上，如何充分发挥交通规划技术的引领作用，实现土地资源的高效配置与交通可达性的最大化，助力构建现代化、特色化城市空间体系，全面提升新型城镇化水平，为高质量发展提供可持续支持则成为现阶段关注的重点。

一、一体化规划发展趋势

2019 年《中共中央、国务院关于建立国土空间规划体系并监督实施的若干意见》的正式发布标志着国土空间规划体系顶层设计和"四梁八柱"基本形成，我国在国土空间规划领域进入了一个新的阶段。此文件明确提出要建立以国土空间规划为核心的全局性规划体系，并要求强化对国土空间的综合监管与系统管理。这为交通规划与土地、产业规划的深度融合提供了更加有力的政策支持和技术保障，也为实现交通与城市发展的真正协同创造了条件。在这一背景下，交通规划不再是一个独立的领域，而是与国土空间规划、产业规划、社会发展等多个方面紧密结合的系统工程。交通规划与土地、产业规划实现深度融合具备了更有利的条件，有助于实现交通与城市发展的真正协同，是城市高质量发展的关键。

随着我国城镇化进程的加速，城市土地、交通、生态等多方面的协调与发展面临着前所未有的挑战。在这种环境下，基于数据驱动的规划一体化发展趋势更加显著，具体表现在以下几个方面：

（一）数据驱动下的规划一体化

随着大数据、物联网、云计算、人工智能等技术的广泛应用，规划领域的决策和评估手段正在发生深刻变革。过去，城市规划依赖于政府部门的经验性判断和单一数据源，现在则更加依赖于大数据和高效的信息化工具。通过数据集成与智能分析，可以更好地揭示城市国土空间、交通流动、人口分布、环境变化等方面的动态关系，从而为城市规划提供更加精准、全面的支持。

在这一趋势下，交通与土地规划的深度融合成为可能。例如，通过集成交通流数据与土地使用数据，能够实时评估交通需求与土地资源的匹配度，并为国土空间的合理布局提供数据支撑。同时，基于空间分析技术，规划者可以对城市各区域的交通系统、土地资源、产业布局等进行多维度的模拟和优化，实现交通、土地、产业的协同发展。

（二）综合交通体系构建

随着城市化和区域经济一体化的不断推进，传统的交通规划已无法满足多层次、多元化的城市发展需求。因此，综合交通体系构建成为规划一体化发展的核心目标之一。综合交通体系不仅包括公路、铁路、航空等传统交通形式，还涵盖了共享交通、智能交通、绿色交通等新型交通模式。通过这种多层次、全方位的交通网络，能够有效提升城市的交通可达性和流动性。

交通与土地的互动性决定了两者的有机融合。合理的交通规划可以引导国土空间的优化与发展，国土空间的变化又反过来对交通需求产生影响。例如，城市的交通枢纽、快速路网等基础设施的建设可以推动周边土地的高效开发和合理利用。而通过精确的交通需求预测与土地资源配置优化，可以有效缓解交通压力，减少不必要的土地浪费，从而提升城市发展质量和居民生活水平。

（三）多情景规划与动态调控能力

规划的复杂性要求未来的城市规划不仅要在静态上考虑城市空间和交通系统的布局，还需要具备动态调控的能力，能够应对快速变化的城市环境。基于多情景规划技术，规划者可以对未来的城市发展进行多种假设和预测，以此为基础设计不同的情景规划方案。通过情景模拟，可以预测不同政策措施和外部变化对交通、国土空间等方面的潜在影响，从而为政府部门提供决策依据，提升政策实施的前瞻性和适应性。

例如，在城市交通规划中，可以通过模拟不同的交通需求增长模式、人口迁移模式等，制定相应的交通设施建设方案。在国土空间规划中，也可以基于情景预测，合理布局城市功能区，优化土地资源的配置，避免因城市快速发展而出现的功能性分离、土地闲置等问题。

（四）绿色发展与生态优先导向

在新时代的规划一体化发展趋势中，绿色发展理念日益受到重视。我国政府提出要推动绿色低碳发展，减少能源消耗和环境污染，这一理念在交通和土地规划中得到了广泛应用。在规划过程中，生态保护、绿色出行、绿色建筑、低碳交通等因素将成为核心考量指标。

例如，交通与土地规划的融合不仅要注重交通网络的畅通和土地开发的高效性，还要注重生态环境的保护和可持续发展。通过绿色交通规划，例如推动公共交通系统的建设、鼓励非机动车出行、优化出行结构等，可以减少城市交通的碳排放，提高空气质量，减少能源消耗。同时，在国土空间方面，强调低碳建筑、节能设计和环境友好型产业布局，可以有效推动生态文明建设，提升城市的绿色发展水平。

（五）政策协同与治理能力现代化

规划一体化的实施需要强有力的政策协同与治理能力支持。在国土空间规划和交通规划的融合过程中，不仅需要政府部门在政策上的协调，还需要地方政府、行业主管部门、企业和公众的共同参与。政策协同的目标是通过政策的联动和协调，确保交通规划和土地规划的目标一致性，避免局部利益冲突和资源浪费。

此外，随着城市规模的不断扩张，传统的行政管理和单一决策模式逐渐无法应对复杂的城市治理需求。因此，城市治理能力现代化成为一体化规划的重要方向。通过提升数据分析能力、决策支持能力和行政协调能力，可以实现交通规划、土地规划、社会治理等领域的高效协同，推动城市管理的精细化、智能化和科学化。

（六）基于智能化平台的集成管理

随着技术的不断发展，基于智能化平台的集成管理将成为未来规划一体化的趋势之一。通过智能化平台，能够实现对国土空间和交通规划的实时监控与动态调整。这种平台不仅能提供土地资源、交通流量、人口分布等多维数据的集成管理，还能支持多种复杂规划任务的协同工作。

通过这些平台，可以实现数据的共享与透明化，提高决策的科学性和精确度。例如，集成化的智能平台可以帮助城市规划者实时获取各类数据，评估政策实施的效果，预测未来城市发展趋势，及时调整规划策略。通过这种高效、精确、灵活的规划管理模式，城市发展将更加符合高质量、可持续发展的目标。

综上所述，规划一体化的核心目标是实现土地、交通、生态等多个领域的深度协同，通过数据化、智能化、绿色化等手段，为未来城市发展提供更加科学、精准和可持续的规划方案。这一趋势不仅能够提升城市的整体功能和治理能力，也能够为实现"以人为本"的现代化城市发展提供强有力的支撑。

二、一体化模型发展趋势

随着城市化进程的不断推进和技术的日新月异，城市空间与交通系统的复杂性和动态性日益增强。传统的交通规划模型和国土空间模型已无法独立解决城市发展中的多维度问题，尤其是在资源约束、环境保护、社会发展等多重目标的平衡上。为了应对这些挑战，研究模型的"跨界融合"成为一项亟待解决的关键问题。国土空间与交通相互作用模型（LUTI，land-use/transport interaction model）的研究与发展，正是为了解决这一复杂的相互作用问题，并推动城市国土空间和交通规划的协调与一体化[39]。

（一）LUTI 模型在城市空间演化中的作用

城市空间演化是一个多因素、多层次相互作用的复杂过程，其中交通与土地的相互作用是影响城市形态、功能和发展模式的关键因素[40-42]。LUTI 模型通过模拟交通系统和国土空间之间的相互影响，能够深入揭示交通与国土空间之间的反馈机制和演化规律。这种模型的核心思想是，国土空间的变化会影响交通需求，而交通设施的建设和优化又会对国土空间和空间发展产生直接或间接的影响[43,44]。

通过 LUTI 模型，可以实现以下几个目标：

（1）空间规划优化：通过对交通与国土空间的综合分析，优化城市空间结构，合理布局不同功能区。交通设施与国土空间的协调布局，可以有效提升城市的可达性和空间利用效率。

（2）需求预测：预测未来城市交通需求与国土空间需求的变化趋势，提供合理的交通规划和土地开发方案。

（3）政策评估：评估不同交通和土地政策对城市发展、经济活动及环境的影响，为决策提供科学依据。

在过去几十年里，LUTI 模型已被广泛应用于欧美等发达国家，用于城市空间的可持续性评估、交通发展规划以及土地开发策略的制定。随着我国城市化的快速发展，LUTI 模型的研究与应用也开始逐渐进入国内，并为一些大型城市的空间规划提供了有益的参考。

（二）集成化、多维度的研究模型

随着城市发展需求的多样化和复杂性，单一的 LUTI 模型已经不能满足现代城市规划的需要。近年来，研究者们在 LUTI 模型的基础上，进行了许多创新性扩展，提出了集成化、多维度的研究模型。这些模型不仅考虑交通与国土空间的相互作用，还将环境、社会经济、能源、公共服务等多个因素纳入模型框架，形成了更加全面、动态的城市发展评估工具。

（1）环境与可持续发展导向：现代城市发展不仅要求高效的交通系统和国土空间，还需要考虑生态环境、能源消耗、碳排放等因素。新型集成模型通过将环境和可持续性因素纳入评估体系，能够在提高城市交通效率的同时，确保城市发展的绿色性和低碳性。

（2）社会经济与公共服务：除了交通和国土空间外，社会经济条件（如就业、收入、住房需求）和公共服务设施（如教育、医疗、公共交通等）也对城市空间演化具有重要影响。通过综合考虑这些社会经济与公共服务因素，集成模型能够为城市规划提供更加全面的分析框架，帮助政府和决策者制定具有社会效益的规划方案。

（3）多尺度模型：考虑到城市空间结构和交通系统的多层次、多尺度特征，现代模型往往需要在不同的空间尺度上进行建模与分析。这种多尺度模型可以在全球、区域、城市、街区等不同层次上进行综合分析，帮助制定更加细化和可操作的城市规划方案。

（三）人工智能与大数据驱动的模型创新

随着人工智能、大数据和机器学习技术的迅速发展，研究模型的构建和应用正在经历一场深刻的变革。过去，城市规划模型通常依赖于专家经验和理论假设，模型的精度和适应性较低。如今，通过对大规模城市数据的收集和分析，结合人工智能算法，研究模型的预测精度、实时性和动态适应性得到了显著提升。

（1）大数据分析与精准建模：大数据技术使得城市规划者可以从大量的交通、国土空间、人口流动、环境变化等数据中提取有价值的信息，为模型提供更加精确的输入。这些数据不仅包括传统的统计数据，还包括来自物联网设备、传感器、社交媒体、智能手机等新型数据源的数据。这些数据能够全面反映城市运行的状态，进而提升模型的实用性和可操作性。

（2）人工智能与机器学习的应用：人工智能和机器学习技术能够从复杂的数据中识别潜在规律和模式，生成更加精准的预测模型。例如，利用深度学习技术，模型能够自动分析交通流量和国土空间的变化趋势，预测未来城市发展的需求。通过不断训练和优化，人工智能驱动的模型能够适应城市发展中的动态变化，更好地进行实时调控和优化。

（3）实时数据与动态决策：传统的城市规划模型往往是静态的，缺乏对城市变化的实时响应能力。通过人工智能技术和物联网的结合，模型可以实现对城市运行状态的实时监控和动态调节。例如，利用实时交通流量数据，模型能够实时调整交通设施的规划和建设方案，提高城市交通网络的适应性和响应速度。

（四）协同优化与多方参与的模型架构

随着城市发展问题的日益复杂化，单一主体的规划模式已经无法满足现代城市的多元化需求。未来的研究模型将更加注重多方参与和协同优化的设计。通过引入政府、企业、公众等各方参与，模型能够从多个角度进行综合优化，提高决策的透明性和公众参与度。

（1）多方协同优化：未来的城市规划模型不仅仅是技术层面的优化，还要实现社会、经济、环境等多方面的协调发展。通过引入利益相关者的需求和意见，模型可以在满足城市发展需求的同时，平衡各方利益，避免局部优化导致的全局失衡。

（2）公众参与与透明决策：随着信息技术的发展，公众参与和反馈机制在城市规划中的作用愈发重要。未来的研究模型将结合数字平台和社交媒体，广泛收集公众意见，增强模型的透明度和社会认可度。通过这种方式，城市规划可以更加民主化和合理化，提高公众对城市发展的认同感和参与感。

（五）国内研究现状与未来发展方向

近年来，国内在 LUTI 模型的研究与应用方面取得了一定进展，尤其是在交通与土地一体化的理论框架和方法体系上[45]。然而，由于数据获取困难、技术手段局限以及模型与实践之间的脱节等问题，LUTI 模型的应用仍存在一定的挑战。

（1）模型与实践脱节：尽管国内学者在 LUTI 模型的研究上取得了一定成果，但在具体应用中，许多模型仍存在难以与城市发展需求对接的问题。未来的研究应更加注重模型的实用性和可操作性，推动理论成果与实践之间的结合。

（2）技术发展滞后：当前国内在数据采集、数据处理和模型开发方面的技术仍存在一定差距，尤其是在大数据处理和人工智能应用方面。未来的研究需要更加注重新技术的引入和应用，以提升模型的精度和适应性。

（3）政策与制度支持：LUTI 模型的研究与应用不仅仅是技术层面的挑战，还需要政策和制度的支持。政府应加强对跨学科、跨领域研究的支持，推动交通、土地、环境等多个领域的协同发展。

（4）综上所述，研究模型的"一体化"发展趋势正逐步改变传统的城市规划和交通设计方式，通过集成化、多维度的模型设计，结合大数据与人工智能技术的应用，将推动城市规划和管理向着更加智能化、精细化、动态化的方向发展。这不仅能够提高城市规划的效率和质量，也为解决日益复杂的城市问题提供了新的思路和方法。

三、一体化应用发展趋势

数字化、智能化技术的快速发展，为国土空间规划与治理提供了新环境和新要求，基于多源数据融合的国土空间与交通规划一体化的应用场景也随之进一步拓展，推动规划情景模拟向智慧国土空间规划的综合赋能等方向快速发展。

（一）城市体检评估关键技术研究及应用

城市体检是通过综合评价城市发展建设状况、有针对性制定对策措施，优化城市发展目标、补齐城市建设短板、解决"城市病"问题的一项基础性工作，是实施城市更新行动、统筹城市规划建设管理、推动城市人居环境高质量发展的重要抓手。可以帮助城市检讨城市治理成效，及时找出城市发展中的弱项、短板，针对存在的"城市病"提出"诊疗"方案，对容易产生的"城市病"提出预防措施，为政府科学决策提供政策建议。城市体检是一项长期性、常态化的工作，这要求我们要充分运用信息化手段，全方位、多途径采集城市综合指标数据，以稳定、连续、系统地捕捉"城市体征"。

城市体检评估要求能够通过多源数据的集成，为城市体检提供全面、准确的数据支持，以识别人居环境领域不同尺度的城市问题，并研究城市体检总体框架、指标体系与评估模型，基于多源数据融合的国土空间与交通规划一体化平台在这方面的应用主要体现在以下几个方面：

（1）国土空间与交通一体化平台将利用大数据、云计算和物联网技术，实现对城市运行状态的全面监控和实时分析，加强数据采集和处理深度对不同来源数据进行分类整理，注重空间数据属性信息的精确模拟和表达，深度挖掘数据所蕴含的城市发展运行状态表征信息，以保证适应城市体检评估的准确性和高时效。

（2）以基于一体化平台的空间分析、人工智能、深度学习、关联模式挖掘、多指标、多维度分析等技术为基础，建立纵向到底、横向到边的城市体检评估体系和融合城市空间要素评价、城市运行体征评价、人本尺度评价的三维立体支撑模型。

（3）通过国土空间与交通一体化平台从数据采集、校核更新、模型分析、评估预警一体化等方面整合和分析，建立可直接接入城市运行管理服务平台的关联数据，并通过数字孪生技术将城市物理世界的各个方面转化为数字形式，汇聚至体检平台中的城市体征功能模块，再通过与体检平台中指标参考值功能模块进行比对，自动计算形成体检结论。

（二）城市更新设计关键技术研究及应用

城市更新是一个具有跨尺度特征的综合过程，涉及建筑尺度、邻里尺度、区域尺度和城市尺度，城市功能的多样性形成了多种城市更新类型，包括住宅更新、工业区改造、历史文化区保护、韧性空间提升等，多尺度协同和功能融合在城市更新时空演进路径中不断加强，形成复杂的区域分异规律和内在驱动机理。

未来需要针对城市多系统、多要素的复杂特征，研究社区、街区划定方法，研究涵盖社会、经济、文化、生态多维度的街区更新综合价值评估技术，研发面向街区的更新要素谱系、多情景智能推演技术、精细化更新设计技术，通过一体化平台对更新区域相关时空数据建模，构建区域信息模型，以虚实结合的方式，将各阶段的发展与规划展现在数字孪生的底座中，形成城市更新"场景模拟—精细化设计—综合价值评估"的技术集成及应用示范。

（三）人口收缩地区国土空间功能优化关键技术研究与应用

人口收缩是伴随着城市化和产业转型阶段出现的，主要表现为人地关系失衡、老龄化程度高、区域空心化等，这一阶段更注重城市空间品质的提升以及精明收缩的范式转变，更关注区域的、整体的利益，实现总体效率的提升，其在跨区域协同发展方面提出更高要求。

人口收缩地区的国土空间变化是一个复杂的过程，需要结合具体的人口收缩特征和国土空间功能变化，从规划、整治和政策等多个角度进行分析，综合考虑人口、土地和产业政策，以适应不同人口收缩特征下的空间发展需求，更好地应对人口收缩带来的挑战，优化国土空间利用，促进城市的可持续发展。国土空间与交通规划一体化平台在该方向的应用趋势主要表现在以下两个方面：

（1）通过整合多源数据，测度人口数量和结构双重收缩及国土空间功能变化，分析人口流失地区人地关系失衡状态下空间资源利用不足的原因，得到人口流失地区人地关系耦合的科学机理，并根据人地关系划分基于人口收缩特征的国土空间类型区，以识别不同人口收缩特征下的国土空间功能变化，揭示人口—土地—产业—设施相互作用机制，研究应对人口收缩挑战的国土空间优化策略，可为促进国土空间高效利用和可持续发展提供参考。

（2）在国土空间规划框架内，通过国土空间与交通规划一体化平台对人口收缩地区的人口流失态势评判、类型划分及多尺度空间识别方法进行研究，分析存在的主要问题和发展机会，提出城市空间形态调整的对策，研究人口流失地区多尺度国土空间要素优化配置、国土空间与生态环境、基础设施、公共空间品质提升等规划调适技术，对城市发展的弹性界限进行灵活的管控，精确地进行功能布局的优化，以促进收缩城市从异常收缩到智能收缩的转变，并在典型人口流失地区开展技术集成与综合示范。

第三节　面临的技术问题

在国土空间与交通规划一体化平台的建设过程中，尽管取得了一定的进展，但仍面临诸多技术挑战。通过分析国内外的现有平台和研究成果，以下是当前亟须解决的主要技术问题：

一、一体化模型问题

（一）国土空间与交通模型的适配性问题

国内外在土地规划与交通模型的研究上已经取得了显著成果。国外的研究通常基于区位可达性、城市经济学、系统动力学、行为学及统计学等相关理论，结合数学规划、空间计量及微观模拟方法，呈现出跨学科的研究特点。这些模型往往适用于发达国家的城市背景，其开发模式和理论框架与中国目前处于快速城镇化进程中的特点差异较大。例如，中国的城市大多面临高密度开发和土地资源紧张的局面，这使得国外的模型在移植到国内时存在较大的适配性问题。国内在土地规划与交通模型的研究相对滞后，主要依赖传统的数学规划与统计学分析方法，缺乏对外部环境变化和因素间相互作用的深入分析[46]。国内大部分模型还停留在理论研究阶段，未能形成足够强的实践支撑，导致其在实际交通规划中应用受到限制。

（二）研究尺度与应用场景的差异

国外的交通与国土空间模型通常针对较小的区域进行优化，以便解决居民出行决策和国土空间结构调整等问题。而国内的研究多针对大尺度城市，尤其是大都市圈和区域层面，旨在解决城市扩张和高密度土地开发带来的交通拥堵问题，通常通过轨道交通、快速路等基础设施改善城市交通。然而，这种大尺度的研究缺乏与具体地区和小尺度街区的深度结合，导致大城市的规划往往与实际需求脱节。此外，国内的国土空间与交通规划多采取"先做规划，后调整"的方式，而缺乏规划与决策的同步性，规划整合与协同决策的机制尚未完全成熟，导致"多规合一"尚停留在理论阶段，缺乏实践验证和操作性强的解决方案。

（三）交通需求预测与模型复杂性

在交通需求预测方面，传统的四阶段模型在国内广泛应用，但由于其本身存在理论上的局限性，无法充分应对交通政策变化的影响，因此逐渐暴露出不足。相比之下，基于活动的交通需求模型（activity-based model）更符合未来交通需求分析的趋势。该模型能够精准模拟大城市区域内人口结构和社会经济特征的演变，更贴近真实的出行行为，并综合考虑了活动之间的相互作用效应。然而，活动模型的复杂性导致对大量高质量数据的需求，如何处理和优化这些海量数据，仍是该模型发展的关键挑战之一。

（四）交通分配与城市路网建模的挑战

虽然国内外在交通分配理论和城市路网建模方面已经取得了一定进展，但大多研究还停留在独立阶段，缺乏不同模块的深度集成。在交通分配模型中，如何联立交通生成、交通方式选择等弹性需求，仍然是一个亟待解决的关键问题。此外，城市路网的动态建模、交通流量预测和多因素的联动效应分析等，都是目前模型无法充分解决的难点。

二、基础数据获取与处理问题

（一）微观数据获取与扩展问题

微观人口数据是国土空间与交通一体化模型的关键输入。国内外学者通常依赖统计年鉴、人口普查等传统数据来源，并通过 IPF 算法、IPU 算法、SA 算法等方法进行微观人口数据扩样。这些方法虽然提高了数据的质量与精度，但仍面临许多问题。这些算法对原始数据质量高度依赖，且中小型区域的数据采集精度较低，难以满足高分辨率的需求。此外，大多数扩样方法的空间分辨率仅限于较粗的区域层级（如街道、居民委员会等），这一局限性制约了交通需求预测模型对更精细数据的应用，影响了模型的准确性与实用性。

（二）数据缺失与数据共享问题

国土空间、人口、社会经济和交通等基础数据是国土空间与交通一体化模型的核心输入。然而，在我国，由于政策、隐私保护及其他原因，部分关键数据往往无法公开或受到限制。尤其是涉及交通流量、国土空间规划及社会经济活动等重要数据时，数据的不公开性和不可用性严重制约了研究和模型的深入发展，导致国内许多研究停留在理论阶段，缺乏与实际情况对接的能力。

（三）部门间数据协同与共享问题

我国目前的土地规划与交通规划管理部门之间存在信息壁垒，缺乏有效的数据共享与协同处理机制。各部门之间的数据处理标准、数据格式和数据管理系统差异较大，导致土地规划与交通运营数据未能实现有效整合。此外，不同部门之间缺乏统一的标准和平台，使得跨部门的数据共享变得困难，这严重影响了国土空间与交通一体化平台的建设与应用。实现部门间的数据协同和标准化处理，是当前面临的一个关键技术难题。

三、模型应用的集成与平台化问题

（一）模型集成与平台化问题

国内外已有一定的模型研究成果，但多数模型处于单独使用或独立研究阶段，缺乏跨领域和跨学科的集成应用。这种分散的研究方式，导致了模型之间的信息孤岛，难以实现数据共享和功能协同。为了提高效率并推动一体化平台的应用，需要将多个领域的模型进行有效集成，尤其是在国土空间、交通规划、环境影响等方面的模型进行跨平台的互操作与协同计算。

（二）平台兼容性与可扩展性问题

随着数字化技术的不断发展，国土空间与交通一体化平台的需求不断增加，如何提高平台的兼容性、扩展性和灵活性，已成为技术发展的另一个难题。平台需要支持不同的数据源、不同的应用场景以及复杂的计算需求，同时具备良好的用户体验和操作界面。这就要求平台具备较高的模块化设计，并能够根据不同地区和用户的需求进行定制和扩展。

第四节　研　究　思　路

围绕交通、国土空间、社会经济等多源数据，构建基于深度学习算法提出城镇国土空间演化模型，提出融合土地属性的精细化交通规划方法，系统分析城镇国土空间与城市交通之间的耦合关系，设计国土空间—交通系统双层反馈机制，并建立基于GIS的国土空间与交通多尺度一体化决策平台，最终结合某地经济开发区相关项目进行验证，具体技术路线图如图1-1所示。

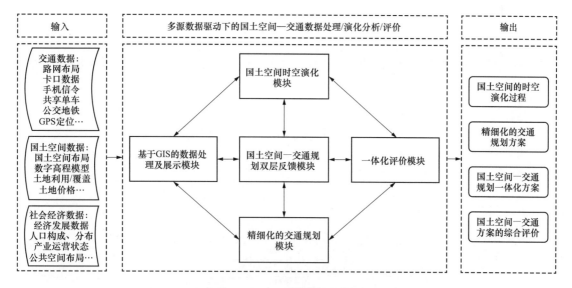

图 1-1　城镇国土空间与交通规划一体化平台技术路线

项目整体可从以下五个部分进行。

一、多智能体交互博弈的国土空间时空演化规律

首先基于出行大数据，规划政策数据及各类运营大数据借助多智能体建立居住人口、产业结构、就业分布、交通布局及地价等要素的独立模型，提取联动影响因子[47-50]；其次结合元胞自动机在离散划分时空维度上的优势[51]，精细划分地块及离散时阈，基于各智能体的独立时空演化机制构建独立元胞的时空变化关系，构建综合体模型。并可依据实际目标求解土地空间规划的最优规模、开发速度、地价等。技术路线如图 1-2 所示。

二、考虑土地属性的精细化交通规划方法

在传统的交通小区划分基础上，结合土地属性和道路条件细分交通小区为"微小区"，每个微小区的居民可能具有类似的出行需求[52,53]。融合多源的交通大数据，精确分析城市居民出行轨迹，融合细分的微小区构建更精确的居民出行 OD 矩阵。在基于地块属性的 OD 矩阵基础上，按照传统的交通规划四阶段方法，构建规划模型实现出行产生、出行分布、交通方式划分和交通分配四个步骤，实现精细化的交通规划。技术路线如图 1-3 所示。

三、国土空间与城市交通的交互作用机理及双层反馈模型

城市交通需考虑的主要因素包括：路网结构、区域衔接协调度、可达性、综合交通体系及交通模式等，国土空间的主要因素包括空间性质、国土空间密度、产业布局、土地价格变化和人口分布等。从宏观和微观两个层面研究土地模型与交通模型的耦合机制，建立

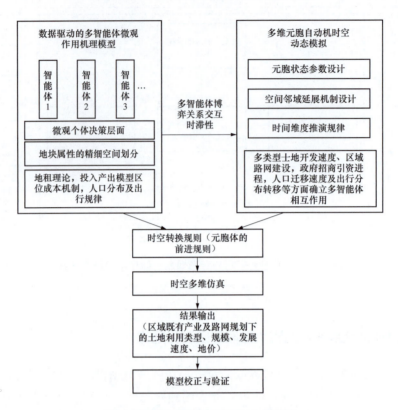

图 1-2　国土空间时空演化技术路线

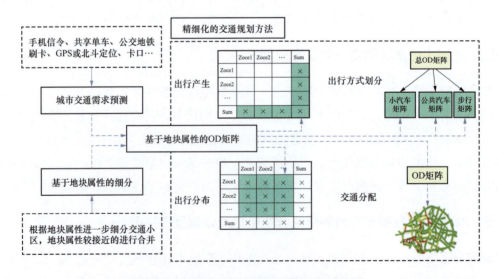

图 1-3　精细化城市交通规划方法技术路线

城镇国土空间与交通一体化双层反馈模型。采用组合遗传算法编写模型求解软件，针对给定交通与土地数据定量分析国土空间分配策略与交通系统的关系，得到国土空间—交通规划的最优策略[54-57]。技术路线如图 1-4 所示。

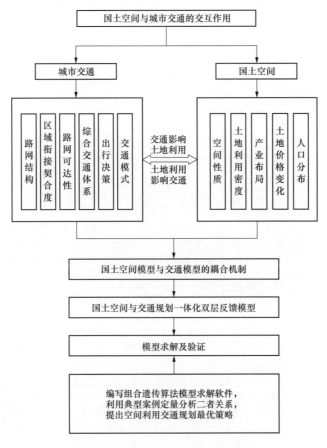

图 1-4　双层反馈模型技术路线

四、构建多源数据驱动下城镇国土空间—交通的综合评价体系

首先考虑区位价值、路网出行服务及系统经济收益，从交通系统、社会影响、经济、环境、国土空间多角度拟定初始评价指标，基于评价指标的必要性和重要性，利用聚类分析及主成分分析法，构建多级评价指标体系[58]。其次，融合层次分析法、多级模糊综合评判法等主客观方法建立评价模型。最后从管理机制、多源数据收集机制、评估机制和反馈机制等多模块入手，建立国土空间—交通规划方案动态评价及反馈机制，对方案进行动态评价及优化调整。技术路线如图 1-5 所示。

五、基于 GIS 的国土空间—交通一体化多尺度决策平台的构建及验证

首先结合 GIS 技术建立完整的国土空间与交通系统地理信息库，实现数据与图形间的

连接与实时互访；然后研究国土空间及交通数据的处理技术包括国土空间分类方法，基础土地数据的栅格化处理方法、格栅数据的更新方法。最后研究国土空间演化、交通演化及双层反馈过程、综合评价技术基于 GIS 平台上的实现方法，构建各模块的基本框架，为进一步实现一体化决策平台的开发，该平台可以从宏观和微观两个尺度实现国土空间与交通的一体化演化模拟[59]。最后利用某地经济开发区实际数据完成各模块及平台的验证工作。具体技术路线如图 1-6 所示。

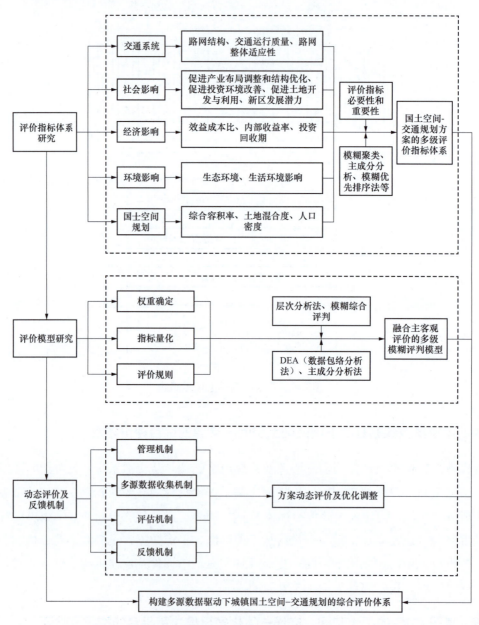

图 1-5　综合评价体系技术路线

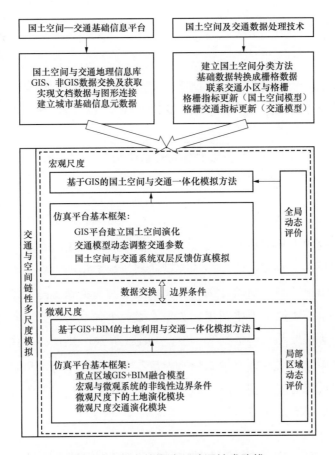

图 1-6 平台的构建及验证技术路线

第五节 本 章 小 结

本章系统阐述了国土空间与交通规划一体化的研究背景、国内外研究现状、发展趋势、面临的技术问题以及研究思路。通过对国内外相关研究和应用软件情况的详细分析，明确了当前一体化研究的成果与不足，为后续研究提供了重要的理论基础和实践参考。在发展趋势方面，深入探讨了规划一体化、模型一体化和应用一体化的未来走向，强调了多源数据融合、智能化平台建设等在推动国土空间与交通协同发展中的关键作用。同时，本章指出了当前一体化研究面临的技术挑战，包括模型适配性、数据获取与处理、模型集成与平台化等问题，为后续研究指明了方向。

最后，提出了本书的研究思路，涵盖多智能体交互博弈、精细化交通规划、双层反馈模型构建、综合评价体系建立以及一体化决策平台开发等内容，为国土空间与交通规划一体化的深入研究奠定了坚实的框架基础。

第二章

国土空间与交通规划一体化大数据技术应用及创新

大数据技术在各个领域的创新和应用日益广泛，特别是在国土空间规划与交通领域。本章首先介绍了常规的大数据技术及其数据获取手段，讨论了现有数据采集方式的优势与不足，并指出当前数据获取过程中存在的关键问题，如数据的不完整性、不准确性和时效性问题。然后聚焦国土空间与交通规划一体化中的多源数据调查与处理，深入分析了多种数据源的特征与应用，包括国土空间规划数据、微观个体数据、家庭与就业数据、社会经济控制数据、房价数据以及交通数据等。在此基础上，进一步探讨了大数据技术在这些数据源中的创新应用，如数据融合、清洗与处理技术，及其在精准分析、预测模型建立和决策支持中的作用。通过对这些技术的详细阐述，展示了大数据如何为国土空间与交通规划的高效一体化提供数据支撑和技术保障。

第一节　常规大数据技术及数据获取手段

大数据技术是指用于解决大规模数据处理和分析任务的技术和工具集合，其主要包括数据采集与预处理，云计算，分布式处理技术等。其中，分布式处理技术在大数据领域具有非常重要的地位。

一、数据采集技术

数据采集技术是指利用各种工具和方法从不同的数据源收集、提取和整合大量、多样化的数据的技术与流程。

数据的采集来源众多，包括智能硬件端、多种传感器端、网页端、移动 App 应用端等，大数据采集就是将这些数据汇集到数据库中，并使用数据库对数据进行简单的处理。数据采集技术涵盖了多种方法，如传感器采集，爬虫采集，接口采集等，以确保从不同来源高效，准确地获取数据。传感器采集可获取物理世界的各类数据，如交通领域中的车流量、车速等信息，为交通规划与管理提供实时数据支持。爬虫采集则能从网页中挖掘大量非结构化数据，如国土空间规划中所需的地理信息、土地利用现状等，极大地丰富了数据资源。接口采集通过调用外部 API 接口，可获取如社交媒体数据、天气预报数据等，为相关领域的研究和应用提供及时、准确的信息。

在国土空间与交通规划领域，数据采集技术的应用尤为重要。例如，通过在道路上设置传感器，实时监测交通流量和车速，交通管理部门可以根据这些数据优化信号灯配时、调整道路设计，提高交通运行效率。利用爬虫技术获取互联网上的地理信息和土地利用现状，能够为国土空间规划中的土地开发、功能分区等提供参考依据。手机信令数据的采集则有助于分析居民的出行行为特征，为公共交通规划和交通需求预测提供有力支持。

二、大数据预处理技术

大数据预处理技术是指在对数据进行挖掘之前，需要对原始数据进行清洗、集成与转换等一系列处理工作，以达到使用挖掘算法进行知识获取研究所要求的最低规模和标准。

随着数据量的爆发式增长，很多数据都存在错误、残缺、冗余等问题，而数据预处理可以有效地规避这些问题，它能纠正错误的数据、将残缺的数据补充完整、将冗余的数据清除，挑出用户需要的数据，并对这些数据进行集成处理。数据预处理的常见方法有数据清洗、数据集成、数据转换与数据归约。

（一）数据清洗

数据清洗是通过光滑噪声、填充缺失值、识别或删除离群点、纠正数据不一致的方法，以达到数据格式标准化，异常数据清除（借助箱线图、30 原则等方法进行异常数据的判别），数据错误（数据值错误、数据类型错误、数据编码错误、数据格式错误等）纠正，重复数据清除的目的。

（二）数据集成

数据集成是合并来自多个不同或者相同数据源的数据，并将合并后的数据统一存储在同一数据储存库（如数据仓库）中。

（三）数据转换

数据转换是将不同的数据转换成适合挖掘的形式，常用到规范化、属性构造、概念分层的方法。

（四）数据归约

数据归约是通过寻找目标数据的有用特征，在不损坏数据原貌的基础上减小数据规模，从而达到精简数据量的目标。

三、云计算技术

云计算技术是网格计算、分布式计算、并行计算、效用计算、网络存储、虚拟化、负载均衡等传统计算机技术和网络技术发展融合的产物。它旨在通过网络把多个成本相对较低的计算实体整合成一个具有强大计算能力的完美系统，并借助 SaaS、PaaS、IaaS、MSP

等先进的商业模式把这种强大的计算能力分布到终端用户手中。云计算将所有的计算资源集中起来，并由软件实现自动管理，无须人为参与。因此，应用提供者无须为繁琐的细节而烦恼，能够更加专注于自己的业务，有利于创新和降低成本。

云计算系统运用了许多技术，其中以编程模型、数据管理技术、数据存储技术、虚拟化技术、云计算平台管理技术最为关键。

（一）编程模型（MapReduce）

MapReduce 是 Google 开发的 Java、Python、C++编程工具，用于大规模数据集（大于1TB）的并行运算，也是云计算的核心技术，属于一种分布式运算技术，也是简化的分布式编程模式，适合用来处理大量数据的分布式运算，用于解决问题的程序开发模型，也是开发人员拆解问题的方法。

MapReduce 模式的思想是将要执行的问题分解成 Map（映射）和 Reduce（化简）的方式，先通过 Map 程序将数据切割成不相关的区块，分配（调度）给大量计算机处理，达到分布式运算的效果，再通过 Reduce 程序将结果汇总输出。

（二）海量数据分布存储技术（GFS）

云计算系统由大量服务器组成，同时为大量用户服务，因此云计算系统采用分布式存储的方式存储数据，用冗余存储的方式保证数据的可靠性。云计算系统中广泛使用的数据存储系统是 Google 的 GFS 和 Hadoop 团队开发的 GFS 的开源实现 HDFS。

GFS 即 Google 文件系统（Google File System），是一个可扩展的分布式文件系统，用于大型的、分布式的、对大量数据进行访问的应用。GFS 的设计思想不同于传统的文件系统，是针对大规模数据处理和 Google 应用特性而设计的。它运行于廉价的普通硬件上，但可以提供容错功能，可以给大量的用户提供总体性能较高的服务。

一个 GFS 集群由一个主服务器（Master）和大量的块服务器（ChunkServer）构成，并被许多客户（Client）访问。主服务器存储文件系统所有的元数据，包括名字空间、访问控制信息、从文件到块的映射以及块的当前位置。它也控制系统范围的活动，如块租约（lease）管理、孤儿块的垃圾收集、块服务器间的块迁移。主服务器定期通过 HeartBeat 消息与每一个块服务器通信，给块服务器传递指令并收集它的状态。GFS 中的文件被切分为64MB 的块并以冗余存储，每份数据在系统中保存 3 个以上备份。

客户与主服务器的交换只限于对元数据的操作，所有数据方面的通信都直接和块服务器联系，这大大提高了系统的效率，防止主服务器负载过重。

（三）海量数据管理技术（BT）

云计算需要对分布的、海量的数据进行处理、分析，因此，数据管理技术必须能够高效地管理大量的数据。云计算系统中的数据管理技术主要是 Google 的 BT（Big Table）数据管理技术和 Hadoop 团队开发的开源数据管理模块 HBase。

BT 是建立在 GFS、Scheduler、Lock Service 和 MapReduce 之上的一个大型的分布式数

据库，与传统的关系数据库不同，它把所有数据都作为对象来处理，形成一个巨大的表，用来分布存储大规模结构化数据。

Google 的很多项目使用 BT 来存储数据，包括网页查询，Google earth 和 Google 金融。这些应用程序对 BT 的要求各不相同：数据大小（从 URL 到网页到卫星图像）不同，反应速度不同（从后端的大批处理到实时数据服务）。对于不同的要求，BT 都成功地提供了灵活高效的服务。

（四）虚拟化技术

通过虚拟化技术可实现软件应用与底层硬件相隔离，它包括将单个资源划分成多个虚拟资源的分割模式，也包括将多个资源整合成一个虚拟资源的聚合模式。虚拟化技术根据对象可分为存储虚拟化、计算虚拟化、网络虚拟化等，计算虚拟化又分为系统级虚拟化、应用级虚拟化和桌面虚拟化。

（五）云计算平台管理技术

云计算资源规模庞大，服务器数量众多并分布在不同的地点，同时运行着数百种应用，如何有效地管理这些服务器，保证整个系统提供不间断的服务是巨大的挑战。

云计算系统的平台管理技术能够使大量的服务器协同工作，方便地进行业务部署和开通，快速发现和恢复系统故障，通过自动化、智能化的手段实现大规模系统的可靠运营。

四、分布式处理技术

分布式处理技术是指通过网络将计算任务分散到多个节点上并行执行的一种计算方式。这种技术能够提高计算能力和数据处理效率，尤其适用于大规模数据和复杂任务。分布式处理技术的架构通常包括主从架构、对等网络，以及微服务架构。分布式处理技术在许多领域有着广泛的应用，包括大数据分析、金融服务、科学计算和机器学习。

分布式处理技术具有诸多优势。它能够显著提高计算能力和数据处理效率，适用于处理大规模数据和复杂任务。通过并行计算，可在短时间内完成海量数据的分析和处理。同时，该技术增强了系统的可用性和可扩展性，当某个节点出现故障时，其他节点仍能继续工作，确保系统的稳定运行。并且，随着数据量的增加或业务需求的变化，系统可以方便地添加节点进行扩展。分布式处理技术通过将计算和存储分散到多个节点上，不仅提升了处理能力，还提高了系统的可用性和可扩展性，适应了大数据时代的挑战。

五、数据获取的常规手段

数据获取是指通过各种手段和技术收集和获取数据的过程。数据获取手段与数据采集在概念上存在一定的联系和区别。简单来说，数据获取手段是一个更为宽泛的概念，它涵盖了从各种来源和途径获取数据的方法和工具，而数据采集则是这些手段中的一种具体实现方式，侧重于从特定源头（如传感器、数据库、网络等）自动或手动地收集数据。

数据获取是数据分析和业务决策的第一步，通常会用到多种手段来收集所需的数据。如数据库查询、API 接口获取、网络爬虫、传感器数据等，与前文数据采集技术不同，前者侧重于数据采集过程，而后者则是具体的数据获取手段。

（一）数据库查询

通过编写 SQL 语句或其他数据库查询语言，从结构化数据库中检索所需的数据，适用于需要从大量结构化数据中获取特定信息的情况。

（二）API 接口获取

通过调用外部网站或服务提供的 API 接口，获取所需的数据，适用于需要从外部系统或服务中获取数据的情况，如社交媒体数据、天气预报数据等。

（三）网络爬虫

网络爬虫是一种自动收集和解析网页信息的程序，通过模拟用户访问网页并遵循网页链接，自动地收集和整理网页内容，适用于收集各种类型的数据，如文本、图片、视频等，尤其适用于从网络上获取非结构化数据。

（四）传感器数据收集

通过传感器设备感知和测量物理量（如温度、湿度、压力等），并将这些数据收集起来。传感器数据收集是现代信息技术领域中至关重要的一部分，它在各个领域都有广泛的应用，包括工业控制、环境监测、医疗诊断、交通管理等。

不同的数据获取手段适用于不同的场景。选择合适的方式取决于数据的类型、可用性、质量要求和法律法规，如隐私政策和数据保护。在实际操作中可能需要结合多种手段来获得全面、准确的数据。

（五）人工数据调查

人工数据调查是指通过调查人员亲自参与、实地走访、问卷发放、访谈等方式，有针对性地收集所需数据的过程。其调查方法丰富多样，每种方法都有其独特的适用场景和优势。

问卷调查是人工数据调查中常用的方法之一。调查人员根据研究目的设计问卷，问题涵盖广泛，可涉及被调查者的个人信息、行为习惯、态度意见等多个方面。问卷可通过线上平台或线下实地发放，能够大规模收集数据，具有高效、经济的特点。例如，在居民出行特征调查中，通过设计详细的问卷，了解居民的日常出行方式、出行目的、出行时间等信息，为交通规划提供一手资料。

实地观察则是调查人员直接深入现场，对研究对象进行观察和记录。这种方法能够获取直观、真实的信息，适用于研究交通流量、土地利用现状、公共设施使用情况等。比如，在研究某一交叉口的交通状况时，调查人员可在现场观察不同时段的车辆行驶路径、交通拥堵点等，为优化交叉口设计提供依据。

访谈法包括个人访谈和小组访谈，通过与被调查者面对面交流，深入了解其观点、需求和经验。

六、数据获取现状问题

传统数据获取手段在样本思维的转变、数据质量的提升以及数据筛分的精细化上有较大实现困难。现状数据获取不能以小见大，通过深入分析少量但具有代表性的数据样本，来揭示数据背后的规律和趋势；不能既关注单个尺度的数据分析，又注重跨尺度的数据融合，实现对数据更加精细化地处理和分析。

另外，数据获取过程往往需要大量人力资源，如调查、数据清洗等，可能造成时间和成本的浪费。除了上述的几点主要问题外，还存在例如数据整合困难、技术依赖、访问限制等问题。

为了有效应对这些问题，企业和研究者应制定清晰的数据获取策略，注重数据合规性、质量控制和技术能力加强。同时，可以考虑使用合适的技术工具和方法，促进数据的整合与分析，提高数据获取的效率和效果。

第二节　多源数据的调查与处理

一、国土空间规划数据

数据收集和处理是国土空间与交通规划一体化模型运行前的基础工作。一体化模型的运行依赖于大量的基础年份数据。本书一体化模型的数据来源、主要用途和所含内容详见表2-1。数据将分为微观数据、国土空间规划数据、社会经济控制数据、房价数据和交通数据。

表 2-1　　　　　　　　　　　　　数据来源与主要用途

分类	数据需求	数据来源	数据包含内容	用途
微观数据	微观个体	人口普查文件、统计年鉴和反演	性别、年龄、所属行业等	交通模型
	微观就业	基于建筑物数据反演	就业岗位所属建筑物编号、所属行业等	就业转移和区位选择
	微观家庭	调查和反演	家庭类型、家庭成员数量、家庭年收入、家庭成员性别、年龄等	家庭转移、迁移和区位选择
国土空间规划数据	地块数据	政府网站、手绘	地块边界、类型、面积等	区位选择、开发商
	国土空间规划数据	政府网站、手绘、二手房网站	土地价格、土地规划类型、区块面积、限高、最大容积率等，在限制土地上发展新的城市开发项目	开发商模型
	建筑物	线下调查、OSM、链家二手房网站	建筑物轮廓、建筑物类型、建筑物层数、居住面积等	区位选择、开发商模型
社会经济控制数据	家庭、就业总量控制数据	政府文件、预测	每一年不同行业的就业总量和不同类型家庭的总量	家庭、就业转移模型
	迁移率	政府文件、预测	不同类型家庭的迁移率	家庭迁移模型

续表

分类	数据需求	数据来源	数据包含内容	用途
房价数据	房价数据	链家二手房交易网	名称、总价、单价、地理信息等	房价模型、区位选择、开发商模型
交通数据	交通网络	开源地图、自建	小汽车、公共交通网络模型	交通模型、可达性模块

（一）地块数据

地块具有明确边界和权属，并可能包含一个或多个建筑物，相较于其他分析单元，以地块作为分析单元能提高计算精度，更好地反映城市内部的功能分布。地块划分遵循用途一致性原则，并考虑自然地理特征（如河流和海拔）和人造特征（如道路和建筑群）。微观地块涵盖居住、绿地、公司、工业、商业和教育等多种类型，为每个地块分配属性数据，包括地块编号、类型等。

（二）建筑物数据

通过 OSM 开放地图（OpenStreetMap）获得建筑物的边界信息，并通过线上和线下的调查来收集详细数据，包括建筑物的名称、层数、属性、居住和非居住层数等。线上调查主要关注建筑物的建造年份，这些数据通常从二手房交易网站获取。根据这些信息，将建筑物分成不同的类型，如住宅、混合住宅、工业建筑等。研究区域建筑物类型如图2-1 所示。建筑物分类信息见表2-2。其中，混合住宅类型主要指的是底层为商业空间与上层为住宅空间相结合的建筑；混合办公类型则是指建筑的最底层为商业空间，而上层用作办公空间；混合零售类型描述的是既有商业空间又有办公空间的建筑，但其中商业空间占主导比例。

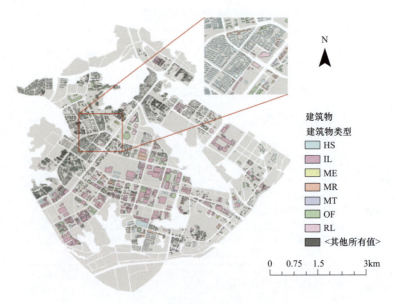

图 2-1　研究区域建筑物类型图

表 2-2   建筑物及就业分类信息表

代码	建筑物类型	中文描述	住宅/非住宅	所含就业类型
HS	Residential	纯住宅	居住	—
AC	Agricultural	农业	非居住	agricultural
IL	Industrial	工业建筑	非居住	Industrial
OF	Office	办公室	非居住	service
RL	Retail	商业	非居住	retail
MR	MixedResidential	混合住宅	居住	retail
ME	MixedOffice	混合办公	非居住	service、retail
MT	MixedRetail	混合零售	非居住	retail+ service

（三）土地用途管制数据

土地用途管制数据（Zoning）规定了区块的使用类型和建筑物开发限制，目的是避免在特定地块上开发与其国土空间类型不相符合的建筑物。

具体来说，Zoning 数据规定了哪些区域可以用于住宅、商业、工业或农业等特定用途，如图 2-2 所示。此外，规定的开发限制包括最大容积率和限高等，如图 2-3 所示。

图 2-2　某市规划一张图

容积率是指一个小区的地上建筑总面积与净用地面积的比率，一般由政府制定。对于开发商来说，容积率决定地价成本在房屋建设成本中占的比例，而对于住户来说，容积率直接影响到居住的舒适度。

根据某市自然资源和规划局出台《关于进一步加强某市居住用地建设强度管理的意见》和某地产平台数据中的小区信息获取到每个区块的容积率和限高数据。

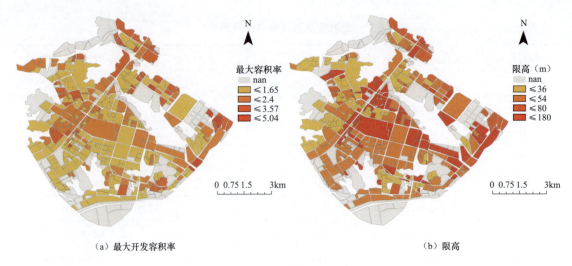

（a）最大开发容积率　　　　　　　　　　　　　　　（b）限高

图 2-3　国土空间开发限制

二、微观个体、家庭和就业数据

国土空间模型通常在微观家庭和就业岗位数据的基础上进行模拟、评估和预测，以理解和预测城市发展、人口就业分布和住房需求等。由于隐私保护和数据收集的局限性，直接获取研究区域所有家庭的微观数据通常是不可行的。当前，微观个体和家庭数据主要依赖于从个人和家庭样本数据出发的运用统计和计算技术进行反演的方法，如 popGen[60]、SynthPop[61]、SimPop[62]。

（一）人口分布数据

经过调查得到人口分布数据后，利用数据反演模型得到微观个体和家庭数据的前提是获取研究区域人口分布特征。

本研究采用建筑物的居住单元数测算各地块的人口分布。区域人口数利用式（2-1）计算。

$$P_k = \sum_{b \in k} u_b f_b p r_b \qquad (2\text{-}1)$$

式中：P_k——区域 k 上的人口数；

$\quad\ \ b$——居住或混住建筑物；

$\quad\ \ u_b$——建筑物 b 中每层居住单元数；

$\quad\ \ f_b$——建筑物 b 中的居住层数；

$\quad\ \ p$——平均家庭人口数；

$\quad\ \ r_b$——建筑物 b 入住率，根据建筑物修建年属性取值。

（二）微观个体和家庭数据

微观个体数据包含了人口的基本信息（性别、年龄）、行业和居住地等信息。微观家庭数据是关于各个家庭的详细数据，其反映个体家庭特性，包括家庭成员数、居住地、收入水平、年龄结构、车辆拥有数等。

采用线上和线下问卷调查，获取个人和家庭样本数据。根据年鉴获取研究区域总人口特征，其为反演的边际约束，包括研究区域人口总量、性别构成、年龄构成等。基于微观家庭样本数据产生与研究区域总人口特征相匹配的微观个人和家庭数据。

研究区域家庭特征数据包括研究区域人口年龄构成、人口性别构成、家庭平均人口数、总人口数、家庭户规模构成和不同收入人群构成等，这些数据主要通过统计年鉴、人口普查数据和政府网站获取。该数据用于获取研究区域的边际约束。

（三）样本家庭出行调查数据

样本家庭出行调查数据包括研究区域中样本人口微观数据和出行调查数据，其中样本人口微观数据包括个人及家庭的属性，主要字段信息如表 2-3 所示。该数据通过线上及线下问卷调查获得，为确保数据的代表性和准确性，样本量约占研究区域家庭总数的 2%。在数据使用前对其进行了筛选处理，包括剔除无效和重复数据，并通过信度分析确保了数据的可靠性。该数据用于获取精细人口扩样数据和交通需求预测模型。

表 2-3　　　　　　　　　　样本家庭出行调查数据主要字段信息

字段名称	描述	含义
家庭户规模	hhsize1 hhsize2 hhsize3 hhsize4 hhsize5 hhsize6	家庭人口为 1 人 家庭人口为 2 人 家庭人口为 3 人 家庭人口为 4 人 家庭人口为 5 人 家庭人口为 6 人及以上
家庭月人均收入	hhinc1 hhinc2 hhinc3 hhinc4 hhinc5	家庭平均月收入 3000 元以下 家庭平均月收入 3001～4500 元 家庭平均月收入 4501～6000 元 家庭平均月收入 6001～8000 元 家庭平均月收入 8000 元以上
家庭成员性别	gender1 gender2	性别为男 性别为女
家庭拥有车辆情况	car1 car2	有机动车 无机动车
家庭人员类型	ptype1 ptype2 ptype3 ptype4 ptype5 ptype6	工作者 失业者 退休者 大学生 学生 学龄前儿童
家庭成员年龄	age1 age2 age3 age4 age5	年龄 6 岁以下 年龄 6～17 岁 年龄 18～34 岁 年龄 35～59 岁 年龄 60 岁以上
出行调查数据	每个家庭成员一天的出行情况	—

（四）就业数据

就业数据主要用于反映研究区域内的就业状况，可以是区域内的企业信息或者分散的工作岗位。然而，直接获取研究区域内所有企业的详细数据较为困难。因此，本研究基于建筑物数据来间接构建就业岗位数据表。在就业数据表中，每一条记录代表研究区域内的一个具体工作岗位。

根据建筑物表可知建筑物的居住层数、非居住层数、建筑物属性等。反推就业数据的关键是得到非居住建筑物中的非居住面积，再用非居住面积除以对应的单位就业面积即可得到建筑物中的就业数。其中，建筑物类型与就业类型对应关系如表 2-4 所示。

1. 就业空间计算

对于建筑物 i，属于建筑类型 t，其空间占比向量为 $\boldsymbol{p}_{t,i} = [p_{零售}, p_{办公}, p_{工业}, p_{住宅}, p_{农业}]$，其具体数据见表 2-4；该建筑物的总建筑面积为 A_i，则该建筑物的就业空间分配向量 $\boldsymbol{S}_{t,i}$ 可以通过式（2-2）计算：

$$\boldsymbol{S}_{t,i} = A_i \times \boldsymbol{p}_{t,i} \tag{2-2}$$

式中：$\boldsymbol{S}_{t,i}$——一个向量，包含了第 i 个 t 类建筑物按照不同用途分配的空间大小。

2. 就业数计算

设 $\boldsymbol{m}_t = [m_{零售}, m_{办公}, m_{工业}, m_{住宅}, m_{农业}]$ 为各岗位所需的单位面积列表，不同岗位对应的单位面积不同；各类型的就业数列表 $\boldsymbol{N}_{t,i}$ 可以通过式（2-3）计算：

$$\boldsymbol{N}_{t,i} = \left(\frac{\boldsymbol{S}_{t,i}}{\boldsymbol{m}_t}\right) \times r_i \tag{2-3}$$

式中：$\boldsymbol{N}_{t,i}$——一个包含第 i 个建筑物各类工作岗位估算数量的向量；

r_i——入驻率，入驻率与居住建筑物入住率一致，根据建筑物修建年限进行设置。

3. 转成就业表

根据式（2-3）计算出 $\boldsymbol{N}_{t,i}$，并将信息整合到就业表中，包括就业编号（job_id）、所属行业（job_category）和所属建筑物编号（building_id）列。

表 2-4 建筑空间占比表

代码	建筑类型	空间占比表 （零售、办公服务、工业、住宅、农业）
HS	纯住宅	[0.0, 0.0, 0.0, 1.0, 0.0]
AC	农业	[0.0, 0.0, 0.0, 0.0, 1.0]
IL	工业建筑	[0.0, 0.0, 1.0, 0.0, 0.0]
OF	办公室	[0.0, 1.0, 0.0, 0.0, 0.0]
RL	商业	[1.0, 0.0, 0.0, 0.0, 0.0]
MR	混合住宅	[0.1, 0.0, 0.0, 0.9, 0.0]

续表

代码	建筑类型	空间占比表 （零售、办公服务、工业、住宅、农业）
ME	混合办公	[0.0, 0.7, 0.0, 0.3, 0.0]
MT	混合零售	[0.9, 0.0, 0.0, 0.1, 0.0]

三、社会经济控制数据

为了预测未来的国土空间模式，需要对整个地区未来几年的社会经济进行预测。社会经济控制数据包括年户数、年户口迁移率和年就业人数。

（一）人口总量控制数据

根据某市年鉴和第七次该省人口普查数据，可得到表 2-5 所示的各年份常住人口数据。基于该省未来人口发展趋势预测研究报告[63] 分别得到如表 2-6 所示的某市人口规模预测值和该市某研究区域人口规模预测值。其中，研究区域人口预测值是根据某市某研究区域人口占总某市经济技术开发区的比例计算得出。具体计算公式如下：

$$P_{研究区域预测年}=P_{武汉预测年}\times \frac{P_{研究区域基础年}}{P_{武汉基础年}}\times r \qquad (2-4)$$

式中：P——人口数；

　　　r——随机值，用于调整研究区域人口占所属市总人口的比例，其范围可根据专家经验设置，本研究将其范围设置为 0.9～1.1。

表 2-5　　　　　　　　　　各年份常住人口情况

指标 年份	常住人口数（万人）	
	某市	某市经济技术开发区
2014	1033.8	23.7
2015	1060.77	25.25
2016	1076.62	26.68
2017	1091.29	41.12
2018	1108.1	43.08
2019	1121.2	44.9
2020	1244.77	52.15
2021	1364.89	61.8

表 2-6　　　　　　　　　　人 口 规 模 预 测 值

指标 年份	常住人口总量预测值（万人）			家庭总量预测值（万户）
	某市	某市经济技术开发区	研究区域	研究区域
2025	1405	64.349	32.106	12.999
2030	1563	73.461	36.653	14.839

续表

指标	常住人口总量预测值（万人）			家庭总量预测值（万户）
年份	某市	某市经济技术开发区	研究区域	研究区域
2035	1710	85.5	42.659	17.271
2040	1847	96.044	47.920	19.401
2045	1975	108.625	54.197	21.942
2050	2097	125.82	62.777	25.416

（二）家庭总量控制数据

家庭总量控制数据包含了未来迭代控制年按家庭规模划分的家庭总数的控制总量或总目标。其中，迭代控制年为基础年加上迭代次数乘以迭代周期。

依据某市第七次全国人口普查公报，得到研究区的平均家庭人口数为 2.47 人。通过人口总量预测数据除以平均家庭人口数，可得到家庭总量预测数据，如表 2-7 所示。

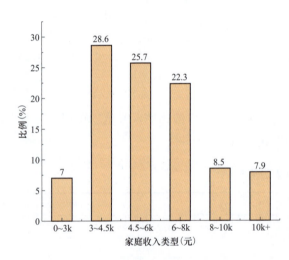

图 2-4 家庭分类占比柱状图

本文根据收入将家庭划分为 6 类，通过的人口数据和微观反演数据，可获取基准年（2020）按家庭收入划分的家庭数量。基准年按收入分类的家庭占比情况如图 2-4 所示。根据预测的不同年份的家庭结构（每种家庭类型占总家庭数量的比例）来预测不同类型的家庭总数。家庭总量控制示例表如表 2-7 所示，展示了不同类型的家庭在不同年份的数量变化，其中 q1_H、…、q6_H 表示的是家庭分类。家庭总量控制文件反映了家庭结构的变化趋势，如图 2-5 所示。

表 2-7 家庭总量控制示例表（单位：户）

年份	q1_H	q2_H	q3_H	q4_H	q5_H	q6_H
2020	31646	28415	24724	9425	8760	7786
2025	37251	33217	28797	11164	10347	9215
2030	42468	37884	33282	12356	11907	10493
2035	49338	44064	38755	14759	13745	12049

（三）就业总量控制数据

就业总量控制文件与家庭总量控制文件一致，其涉及不同行业在规划期内的就业总量的预测。首先，可基于某市统计年鉴得到分产业从业人员数。其次，与人口总量预测一致，

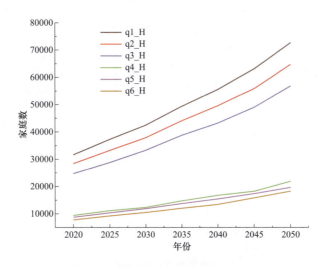

图 2-5 按收入分类的家庭增长情况

根据预测的某市分行业就业岗位数，按比例得到研究区域的各产业的从业人员数，具体参考公式（2-4）。而通过数据反演得到的基础年就业微观数据无法与年鉴数据完全一致，会有一定的偏差，需要由规划人员根据经验值来进行调整。研究区域就业总量控制数据如表2-8 所示。

表 2-8 研究区域就业总量控制数据

年份	农业	工业	零售	办公服务
2020	592	79431	17759	44766
2025	641	85914	19208	48420
2030	707	94806	21196	53431
2035	773	103678	23180	58431

（四）迁移率

迁移率是指在一定时间内，家庭/就业岗位从一个地点迁移到另外一个地点的概率。家庭迁移率通常与多种因素相关，包括住房市场的状况、家庭的收入水平、交通便利性等。

家庭迁移率数据通常会提供不同类型家庭的各自迁移概率，主要用来反映租房者与房屋拥有者之间或不同收入的家庭之间迁移概率的差别。就业迁移率则用于反映不同行业类型的迁移概率的差别。

在无法查到迁出家庭的情况下，根据某市经济技术开发区各年的国民经济和社会发展统计公报，可知每年经开区的常住人口、迁出人口。以迁出人口除以常住人口计算得到人口迁移率，并以此粗略作为家庭迁移率，具体见表2-9。此外，本研究中不考虑研究区域内就业岗位的迁移，即无就业迁移模型。

表 2-9　　　　　　　　　　　　　研究区域迁移率数据

年份	常住人口（万人）	迁出（人）	迁移率
地区	某市经济技术开发区		
2020	52.15	1044	0.002001918
2021	61.8	1538	0.002488673

四、房价数据

从二手房交易网站（链家、安居客等）上获取研究区域的所有二手房交易信息，并提取出经纬度、总价、单价等信息，如表 2-10 所示。

表 2-10　　　　　　　　　　　　房价数据部分示例

地址（address）	总价（totalprice）	单价（unitprice）	经度（lng）	纬度（lat）
A 小区	140 万元	15789 元/m²	30.542390	114.186423
B 小区	102.9 万元	11957 元/m²	30.404676	114.186351
C 小区	115 万元	10622 元/m²	30.470115	114.178636

基于 GeoPandas 库中的"sjon"空间连接功能，给房价信息（总价和单价）赋予与其地理位置相对应的建筑物编号。如果一个建筑物对应多个房价信息（例如，一个公寓楼中的多个住房单元），则可以计算这些建筑物内所有住房单元的平均单位房价，以代表该建筑物的典型房价。然后，基于建筑物房价计算地块平均房价。地块房价值为所包含的所有居住建筑物的平均单位售价。研究区域块房价数据如图 2-6 所示。

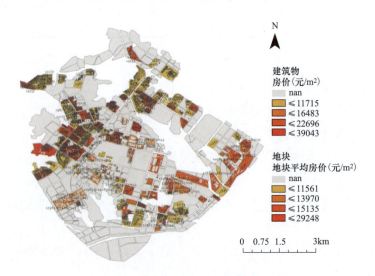

图 2-6　研究区域房价数据

五、交通网络数据

在一体化模型中，交通网络数据被用于很多子模型中，包括可达性计算、交通分配和交通网络承载能力评估等方面。本研究主要涉及小汽车网络和公共交通网络。因此，需收集研究区域小汽车网络和地铁与公交网络数据。忽略研究区域边界外侧的资源将会导致对边缘区域需求点的服务设施可达性的低估。因此，将交通网络和公共服务设施的数据收集范围扩展至研究区域及其外延的 6000m 缓冲区，以减轻边界效应对可达性评估结果的影响。

通过 OSMnx 开源 Python 库直接从 OSM 获取现状小汽车网络节点和边（路段），其中边包括道路等级、长度、名称等属性，如图 2-7（a）所示。

地铁与公交数据来源于高德地图和 wallpapersking 公交查询网（www.wallpapersking.com）。从公交查询网获取公交和地铁线路名称并通过调用高德地图应用程序接口提取公交、地铁的站点和线路数据，然后对数据进行筛选和补全。共采集了 474 个公交站点，19 条公交线路；71 个地铁站点，3 条地铁线路。交通网络图如图 2-7（b）所示。

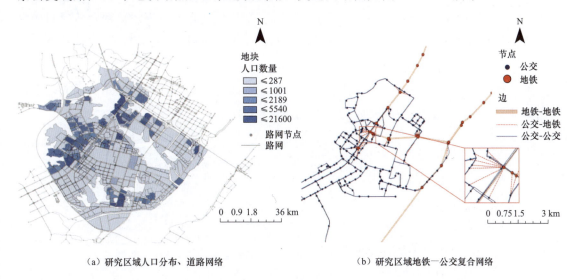

（a）研究区域人口分布、道路网络　　　　　（b）研究区域地铁—公交复合网络

图 2-7　交通网络图

第三节　小数据大样本的创新应用方法

国土空间规划需要的数据较多，实际获取完整数据的困难较大，本节提出了基于 IPU 算法的人口数据反演的小样本大数据创新方法。IPU 算法是指在 IPU 上运行的算法，这些算法通常针对 IPU 的特定架构和并行计算能力进行优化，以实现高效的计算性能。由于 IPU 具有高度并行的计算能力，因此其算法设计也通常强调并行性和高效性。

一、基于多源数据获取边际约束

由于从统计年鉴等现有统计资料中直接获取研究区域的边际约束数据是不可行的。因此本节采用了一种间接的方法来获取研究区域的边际约束。基本思路如下:

基于建筑物数据计算得到初始人口分布数据,即每个地块的预估人口数和研究区域的总人口数。这些数据可能存在一定偏差,因此需要其他数据源进行验证。WorldPop 是一个提供全球人口分布信息的开源数据项目,旨在通过使用地理信息系统技术和各种统计数据,创建高分辨率的人口密度地图和人口统计信息。其中,中国区域人口分布数据是基于中国第六次人口普查数据对 2020 年中国人口分布的预测数据。

该数据通过 WorldPop 官网(https: //hub.worldpop.org/)获取,且获取的 WorldPop 数据是包含了研究区域的整个城市区域的人口分布数据。该数据用于获取研究区域的边际约束。

使用 WorldPop 数据作为验证,将其与第七次人口普查数据进行对比,对 WorldPop 数据进行修正,使用 ArcGIS 软件按照研究区域边界裁剪处理得到修正后 WorldPop 数据。修正后 WorldPop 数据用于校正初始人口分布数据,以获取最终人口分布数据,然后与研究区域家庭特征数据和最终人口分布数据相结合得到研究区域的边际约束。

1. 基于建筑物数据获取初始人口分布数据

统计研究区域各个地块上的居住建筑物,根据建筑物的修建年设置建筑物的入住率,通过地块居住人口数计算公式获取初始人口分布数据。其公式如下:

$$P_k = \sum_{b \in k} p_{ave} u_b d_b r_b \tag{2-5}$$

式中: P_k ——地块 k 上的人口数;

　　 b ——居住建筑物;

　　 p_{ave} ——家庭平均人口数;

　　 u_b ——建筑物每层居住单元数;

　　 d_b ——建筑物居住层数;

　　 r_b ——入住率,基于实地调查结果设定入住率,修建年为 2005 年以前入住率为 0.5,修建年为 2005 年至 2015 年入住率为 0.7,修建年为 2015 年以后入住率为 0.5。

2. WorldPop 数据修正

WorldPop 数据是基于第六次人口普查数据对 2020 年中国人口分布的预测数据,为了得到与最新人口总量匹配的 WorldPop 数据,需用第七次人口普查数据进行修正。将WorldPop 数据原栅格人口数乘以修正系数,使用 ArcGIS 软件按照研究区域边界裁剪处理获得修正后 WorldPop 数据,统计得到修正后 WorldPop 数据的人口总数。修正系数计算公式如下:

$$g_w = \frac{P_n}{P_w} \qquad\qquad (2\text{-}6)$$

式中：g_w——修正系数；

　　　P_n——整个城市区域的人口普查总量；

　　　P_w——基于 WorldPop 数据统计得到的整个城市区域的人口总量。

3. 最终人口分布数据获取及边际约束计算

对比修正后 WorldPop 数据和初始人口分布数据的研究区域总人口数相对误差是否大于 5%，若是，则需要对初始人口分布数据进行校正得到最终人口分布数据；若否，则初始人口分布数据即为最终人口分布数据。

相对误差计算公式如下：

$$\theta = \frac{|P_T - P_R|}{P_R} \times 100\% \qquad\qquad (2\text{-}7)$$

式中：θ——初始人口分布数据和修正后 WorldPop 数据的相对误差，反映初始人口分布
　　　　　数据的精度；

　　　P_T——初始人口分布数据的总人口数；

　　　P_R——修正后 WorldPop 数据的总人口数。

根据校正系数，对初始人口分布数据中各地块的总人口数进行校正得到最终人口分布数据，校正公式如下：

$$P_i' = \frac{P_i \times P_R}{P_T} \qquad\qquad (2\text{-}8)$$

式中：P_i'——最终人口分布数据中第 i 个地块的总人口数；

　　　P_i——初始人口分布中第 i 个地块的总人口数；

　　　P_R——修正后 WorldPop 数据的总人口数；

　　　P_T——初始人口分布的总人口数。

通过最终人口分布数据得到研究区域人口总数，再结合研究区域家庭特征数据得到边际约束。

二、基于 IPU 算法的微观人口扩样数据获取

基于边际约束和样本人口微观数据通过 IPU 算法获取微观人口扩样数据。IPU 算法首先初始化所有家庭样本的权重，按顺序遍历家庭属性和个体属性并迭代更新权重，通过多轮家庭及个人属性的迭代对权重进行逐步调整，直到达到预设的迭代次数或拟合优度值（Δ）达到设定阈值，此时的样本家庭权重即为最终样本家庭权重，基于最终样本家庭权重通过蒙特卡罗模拟方法抽取样本家庭表中的家庭获得微观人口扩样数据。

IPU 算法具体步骤如下：

（1）设置 i 表示家庭的编号，j 为家庭及个人属性的编号，$h_{i,j}$ 表示第 i 个家庭的第 j 个属性的数值，m 为家庭及个人属性的总数，$j=1,2,3,\cdots,m$，设置 C_j 为第 j 个属性的边际约束。

（2）设置每个家庭及个人层面属性初始权重为 1，即 $w_i=1$。

（3）拟合度（δ）是完成一次所有属性列迭代后计算得到的模型拟合度。IPU 算法通过拟合度的计算作为对算法是否收敛的判断，拟合度越小说明结果越好。拟合度计算公式为：

$$\delta = \frac{\sum_j \left[\left| \left(\sum_i h_{i,j} w_i - C_j \right) \right| \frac{1}{C_j} \right]}{m} \qquad (2\text{-}9)$$

（4）设置 r 为迭代次数，初始值为 1。

（5）设置 S_j 为第 j 列所有不为 0 的行号的集合。

（6）设置 k 为第 k 个边际约束，初始值为 1。

（7）设置 S_{qk} 表示第 k 列的所有不为 0 的元素，q 表示第 k 列的所有不为 0 的元素的索引。

（8）对家庭及个人属性列进行迭代，通过权值调整修正系数计算公式和权值更新公式，基于个人属性边际约束对每列个人属性不为 0 的行进行权值调整。权值调整修正系数 ρ 计算公式为：

$$\rho = \frac{C_k}{\sum_q h_{S_{qk},k} \times w_{S_{qk}}} \qquad (2\text{-}10)$$

（9）权重更新公式为：

$$w_{S_{qk}} = w_{S_{qk}} \times \rho \qquad (2\text{-}11)$$

式中：$w_{S_{qk}}$ ——第 k 列更新前的权重；

ρ ——权重修正系数。

（10）$k=k+1$。

（11）若 $k \leqslant m$，则返回步骤（7），若 $k>m$，则进行步骤（12）。

（12）设置 δ 表示本次权重更新后的拟合度，δ_{prev} 为上次权重更新记数后的拟合度。计算拟合度优化值 Δ，拟合度优化值 Δ 计算公式为：

$$\Delta = \left| \delta - \delta_{prev} \right| \qquad (2\text{-}12)$$

（13）迭代次数加 1。

$$r=r+1 \qquad (2\text{-}13)$$

（14）设置 ε 为收敛阈值，阈值一般设置为 0.0001。若 $\Delta > \varepsilon$，则返回步骤（6），否则说明算法已经收敛。

在数据反演过程中，如果权重与个人总量完全匹配却没有和家庭总量完全匹配，会出现权重之和与设定的家庭总数不吻合的情况，这时需要优先强调家庭层面的总量约束，需再进行一次家庭层面属性列的权重更新，得到最终权重。样本家庭权重表示例如表 2-11 所示。

表 2-11　　　　　　　　　　　　　样本家庭权重表示例

household_id	weight	household_id	weight
1	23.1	...	...
2	4.6	2000	8.3
3	8.4		

注：household_id 表示家庭编号；weight 表示家庭权重。

在获取样本人口微观数据中各家庭的最终权重之后，采用蒙特卡罗模拟方法，依据研究区域内的家庭总数进行数据扩样，以此生成微观人口扩样数据，此时所获得的微观人口数据尚未与具体地块位置进行匹配。样本人口微观数据中每个家庭被选择概率公式为：

$$P_i = \frac{w_i}{\sum\limits_{S} w_i} \qquad (2\text{-}14)$$

式中：i——第 i 个家庭；

P_i——第 i 个家庭被选择的概率；

w_i——第 i 个家庭的权重；

S——家庭的总数。

最终，通过蒙特卡罗模拟得到研究区域不含地理属性的微观人口扩样数据。微观人口扩样数据获取流程图如图 2-8 所示，微观人口扩样数据示例如表 2-12 所示。

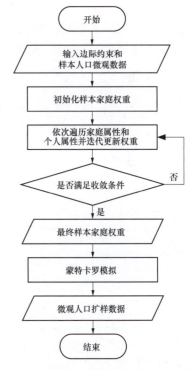

图 2-8　微观人口扩样数据获取流程图

表 2-12　　　　　　　　　　　　　微观人口扩样数据示例

hhid	hhsize	hhinc	gender1	gender2	...	age2	age3	age4	age5
1	4	3	2	2	...	1	3	0	0
2	1	4	0	1	...	0	1	0	0
3	3	3	2	1	...	2	0	0	0
...	...	...	...	...	...	...	...	...	...
105192	1	2	0	1	...	1	0	0	0

第四节　本　章　小　结

本章聚焦于大数据技术在国土空间与交通规划一体化中的应用及创新。

首先介绍了常规大数据技术及其数据获取手段，包括数据采集、预处理、云计算、分布式处理技术等，同时分析了现状数据获取存在的问题，为后续研究提供了技术背景和数据基础。

其次，详细阐述了国土空间与交通规划一体化多源数据的调查与处理，展示了数据在一体化规划中的重要性和多样性。

最后，创新性地提出了小数据大样本的数据处理应用方法，通过基于 IPU 算法的人口数据反演和多尺度数据整合，有效解决了数据获取和应用中的难题，提升了数据的利用效率和规划的科学性，为国土空间与交通规划一体化提供了强有力的数据支撑和技术保障。

第三章

国土空间的时空演化规律

在当前城市化进程加速、人口流动频繁、经济快速发展的背景下，国土空间的演化不仅直接影响自然资源的配置，还深刻塑造着社会的结构与面貌。随着城市功能的不断扩展与重构，国土空间的利用和规划逐渐成为影响社会可持续发展的核心因素。因此，为了深入理解城市发展的内在机制，并为政府提供科学、合理的国土空间规划决策依据，本章通过引入多智能体模型、分析各主体之间的复杂交互关系，构建时空演化模型等方法，系统探讨了国土空间的动态演化规律。通过模拟不同主体（如政府、居民、企业等）在特定空间内的行为决策及相互作用，能够有效揭示国土空间变化的驱动因素与规律。此外，借助时空演化模型，可以追踪和预测国土空间结构随时间演变的过程，探索不同政策对国土空间发展的长短期影响。这为政策制定者提供了更加直观的决策支持，特别是在城市规划和资源管理的过程中，能够帮助政府在不断变化的环境中做出灵活而精准的决策。

第一节　国土空间多智能体的决策行为

一、多智能体的组成

多智能体系统是指由多个自主的智能体（agent）组成的系统，是在虚拟环境中具有自主能力、可以进行有关决策的实体。这些实体可以代表动物、人类或机构等，这些智能体相互协作或竞争以完成某个复杂的任务或目标。每个智能体在这个系统中都具有一定的感知能力、决策能力和行动能力，能够独立工作，但同时也可以与其他智能体进行交互。

一个实体并不仅限于代表某个个体，也可以代表一群个体，例如代表某一阶层的人。本章中每个多智能体也只代表一个计算实体，只是反映了比例关系，可以对应多个居民或多个家庭，以及多个房地产开发商。国土空间规划里面的智能体包括政府、开发商、家庭、就业四个智能体，政府智能体的作用是模拟政府在国土空间规划中的角色，包括制定政策、规章和发展规划。家庭智能体在多智能体系统中的作用是模拟家庭或家庭成员在特定场景中的行为和决策。它通常涉及家庭在居住、消费、出行、教育、医疗等方面的决策过程，尤其在智慧城市、智能家居系统、国土空间规划等领域，家庭智能体发挥着关键作用。家庭智能体在居住选择、能源管理、出行、消费、教育、健康等多个方面的决策行为可以为政府、规划人员和企业提供数据支持，帮助优化城市规划、资源配置、商业决策等，最终实现更高效和智能化的社会运作。开发商智能体在城市发展和国土空间规划中，通过土地开发、基础设施建设、房地产市场调控等多方面的决策，推动城市扩展、经济增长和可持续发展。就业智能体在模拟个人就业决策、劳动力市场供需、职业变动等方面具有重要作用。它不仅帮助分析和预测经济和政策变化对就业市场的影响，还为企业、政府和城市规划提供数据支持和决策依据，优化劳动力资源的配置，提升经济活力和社会福利。

二、政府多智能体的决策行为

政府的宏观城市规划及调控对城市的国土空间变化起着决定作用，引导了整个城市的演化过程，也决定了城市发展模式。因此在研究城市国土空间变化时，政府是一个不容忽略的主导因素。特别是在中国，政府的宏观规划在城市发展中显得尤为重要。

当房地产商向政府申请开发用地时，政府会根据该地点目前国土空间状况和未来规划的国土空间情况进行对比，给出不同的接受概率。当一个区域被申请的次数越多，它被接受的概率就会增加；一个区域的申请被政府接受之后，该区域附近地区被接受的概率也会增加。这充分体现了政府在宏观规划的同时也全面考虑公众的意愿及房地产商的要求，调控政府规划与真实世界发展细节的差距，实现了宏观和微观的统一。

政府另一种决策行为是进行基础设施和公共设施建设，政府投资进行基础设施和公共设施建设主要是因为两方面的需要：①居民的需求，当一个地区随着居民的增加，其基础设施及基础设施就显得匮乏，这必将要求政府投资进行建设；②政府规划的需要，为了使城市的真实发展与规划接轨，政府必须在其所规划的区域内进行基础设施和公共设施，以增加其空间吸引力，从而达到规划的目的。

三、家庭多智能体的决策行为

家庭的决策行为主要有：居住位置决策和再选择两种。①居住位置决策是指新增居民购房的决策行为；②再选择是指判断家庭在研究周期中（一般五年迭代一次）进行空间位置上的迁入和迁出行为。城市居民居住位置决策与再选择行为直接影响着居住空间结构的形成和变化，同时也影响着城市社会分异、空间组织结构和城市发展方向等的演化过程。

在家庭追求随机效用最大化的前提下，个体或家庭在选择住房时，会考虑区位属性（如价格、交通便利性、邻近服务设施等）和个体偏好，从而选择使其效用最大化的地点。家庭成员之间会相互协作，根据各自的需求和资源共同做出决策。例如，家庭中的成员可能会一起决定假期去哪里旅行、怎样安排家务、预算分配等。家庭多智能体的决策行为是一个复杂的过程，涉及多个成员之间的互动和合作。家庭成员的个体需求、偏好、情感和环境因素都会影响最终的决策。通过理解这些决策行为，可以更好地优化家庭管理和提高生活质量，也能为社会政策制定、社区服务提供有益的参考。

居住位置决策与再选择反映了城市居民住房消费行为在空间上的价值取向，因此，受到居住地空间位置属性及居民社会属性的影响，不同类型的家庭 Agent 由于其自身的属性相异而表现出对位置选择迥异的偏好，从而表示出不同的空间决策行为。

四、开发商多智能体的决策行为

房地产商在开发新的居住用地前，首先要考虑居民的位置选择特点来调整投资策略，从而选择合适的投资地域。如果新开发的居住用地位置与居民的意愿相左，开发的房产将难以销售出去。不同类型的居民对住房有着相异的偏好，他们在选择住房时会根据房子所处的环境（社会环境及自然环境）、本身的属性及偏好做出决策，因此房地产商必须根据居民的位置选择偏好选择正确的投资地域。其次，房地产商需要考虑其本身的利益，分析投资之后所获取的利润是否达到某一期望值，模块分析当前市场的住房和就业空间供需状况，以确定需要开发多少新住房单元和商业空间。

五、就业多智能体的决策行为

就业智能体决策规则与家庭智能体决策规则相同。就业受到交通可达性、建筑物特性、环境特性影响，如表 3-1 所示。

表 3-1　　　　　　　　　就业区位选择模型变量说明

类别		特征变量	变量描述
就业特征属性		行业类型	就业岗位所属的行业领域
区位特征属性	交通可达性	综合设施可达性	衡量家庭日常活动地点（如学校、工作地、购物中心）到住宅的便捷性
	建筑物特性	平均租金	反映企业租赁成本，可能影响企业就业地点的选择
		单位就业岗位面积（平均）	表示平均每个就业岗位所占的空间面积，反映工作场所的密集度和舒适度
		就业岗位空间	表示就业地点提供的空间或设施大小，与工作环境和员工工作效率相关
	环境特性	容积率	衡量建设用地的使用强度，间接反映该区域的拥挤程度
		绿地率	地块绿化覆盖的程度与空间分布，影响居民的生活质量和健康
		公共交通覆盖率	地块影响范围内公共交通系统的服务能力
		地块道路节点数	反映地块所处的道路网络的密集程度和交通流动性
		邻里就业数	在一个特定范围内的就业岗位总数

就业智能体的决策行为涉及个体在劳动市场中的选择和行动，反映了他们在求职、职业发展、工作生活平衡等方面的复杂决策过程。这些智能体可以是求职者、在职员工或其他与就业相关的个体。就业智能体的决策行为复杂且多样化，受到个人因素、市场环境和社会影响等多重因素的制约。理解这些决策行为对于政策制定者、企业管理者和职业咨询师等各方都有重要的参考价值，能够帮助他们优化人才资源配置、提升就业服务和制定有效的经济政策。

第二节　国土空间演化中交互关系分析

一、总体交互关系分析

政府、开发商、家庭、就业四个智能体之间存在相互交互关系，这四个智能体之间的逻辑关系是动态和相互影响的。政府的政策导向会影响开发商的投资决策，而开发商的开发活动又会影响家庭的生活选择和就业机会。家庭的就业选择反过来又影响政府的经济政策和开发商的市场需求，具体如图 3-1 所示。

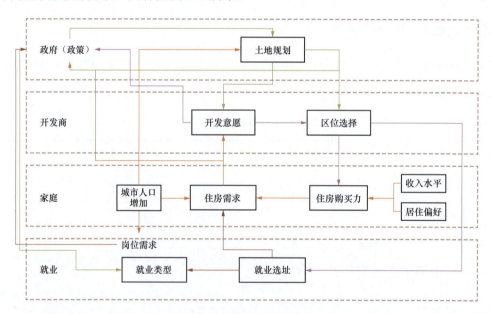

图 3-1　交互关系分析

二、家庭与开发商

家庭智能体主要从成本最小化——效用最大化出发考虑不同地块对其居住选择的效用。开发商智能体考虑预期收益的最大化——利润最大化，并兼顾家庭智能体的影响。

城市居民作为住宅的消费者，住宅的特殊性决定了城市居民消费行为的独特性。由于住宅作为商品的特殊性，城市居民作为住宅的消费者，其消费行为也有独特之处。

（一）城市居民对住宅需求的持续性

结合马斯洛需求层次理论，随着城市居民人口的增长和生活水平的不断提高，较低层次的生理需求得到满足时，居民就会对居住条件的改善提出较高的需求，且这种需求的量也是持续增长的。

（二）城市居民对住宅需求的有效性

对于大多数的普通家庭而言，购买住宅或许是其一生中最大的一笔支出资金，诚然城市居民对住宅的需求是刚性的，城市居民对购房这一行为的实施是十分谨慎的，只有当住房比较符合自己要求且自身具备购买能力时，城市居民才会做出购买行为。

（三）基于效用最大化的选择行为

从微观经济学的角度，城市居民的选择行为是基于效用最大化理论进行的。对于住宅这种异质性差别很大的商品，不同类型的城市人群的效用标准更是不同。

在住宅市场中，住宅开发商和城市居民是一种供需关系，城市居民的有效需求能力将影响着开发商的开发意愿，而住宅开发商的供给产品也会影响到城市居民主体的决策行为。开发商追求利益最大化，拥有着大量的投资本金可用于投资到能够给自身带来丰厚利润的大规模城市再开发项目中。大量的资金投入到原本破败的内城，衰败的大批住宅得到重建，规模效应导致局部地区的资本化地租的上升，由此也提高了该区域的邻近地租水平（rent in the neighborhood，NR）。城市居民在这一过程中，根据自身经济状况决定是否提升自己住宅的价值，当经济实力允许时，他们采用修缮的行为提升住宅的资本化地租，而当经济实力不足时，他们选择原地居住任其衰败或者选择搬离原住宅。城市居民的行为影响到住宅的资本化地租，从而影响到开发商再次投资的行为。开发商与城市居民的相互影响分析如图 3-2 所示。

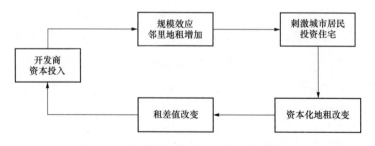

图 3-2　开发商与城市居民相互影响分析

三、家庭与就业

家庭智能体和就业智能体之间的互动形成了一个复杂的反馈机制。

就业选址和投资行为直接影响家庭的居住选择，提升社区吸引力和生活质量，进一步吸引更多家庭迁入。就业单位在选择办公地点时，会考虑劳动力的可获得性、交通便利性、租金成本和基础设施条件等因素。企业倾向于选择交通便利、基础设施完善且能吸引高素质劳动力的地区进行办公布局。这些因素影响家庭的居住选择，具体表现为交通便利、通勤时间短的区域更具吸引力；企业在某一地区的集中布局会带来大量就业机会，吸引家庭迁入该地区以获得就业机会。这种集聚效应会推动当地住房需求上升，进一步影响房价和住房供应；高收入群体倾向于选择高品质的住宅和社区，推动该地区的住房需求和房价上涨。反之，低收入群体可能选择相对廉价的住房区域。

家庭的居住和消费行为影响就业单位的选址决策，推动区域经济发展和社区建设。家庭在选择居住地时，会考虑住房价格、社区质量、公共服务、交通便利性和就业机会等因素。家庭的居住选择影响了劳动力市场的分布，家庭集中居住的区域劳动力供给充足，进而影响就业单位的选址决策；会带动住房市场的变化，影响房价和住房供应；经济实力较强的家庭有更高的消费能力，他们的消费行为对就业单位的决策有显著影响。企业可能会选择在这些高消费能力区域设立办公地点，以便更好地服务于该地区的消费市场。

四、家庭与政府

城市政府可以通过一些直接政策或者间接政策来调控住宅市场，进而影响到城市居民主体的住宅购买力和消费倾向。不同的收入阶层有着不同的消费倾向，相比较而言，偏中高收入者的居住消费需求较易满足，因此消费倾向偏低；中低收入者虽然住宅消费倾向较高，却由于收入低而无法形成有效消费。从目前中国内陆城市居民的收入差异和比例来看，中低收入人群又占据城镇人口总数的绝大多数，因此目前中国的住宅消费市场形成了"高收入群体的消费需求相对饱和，低收入群体的消费需求又受到购买力不足的限制"的现状，从而在一定程度上导致消费需求的收入弹性较低，制约了居民消费的实现，造成整个社会需求的减少。

城市政府的相关政策是一个影响住宅需求的重要因素，如果城市政府积极鼓励和诱导城市居民置业并提供有关便利政策，城市居民的有效需求就会得以充分释放，潜在需求也会诱导成熟。例如推行倾向于中低收入人群的廉租住房制度，公积金制度等，将原有的按年提取公积金的制度改为按月提取公积金的制度以及减低相关税费等制度均会有效地提高城市居民主体的住宅购买能力等。

五、开发商与就业

开发商智能体和就业智能体协同发展和动态调整。开发商的开发项目决定了某一地区商业和办公空间的供应量和质量，高质量的办公楼和商业区通常会伴随着基础设施和公共服务的提升（如交通、教育、医疗等），从而吸引就业单位选择该地区作为办公地点，开发更多的办公空间会压低租金，增加更多的住房供应满足企业员工的住房需求，会吸引更多企业入驻。

地方政府可能会为吸引企业入驻提供政策激励（如税收优惠、土地优惠等），高密度就业单位的聚集增加了对办公空间和商业地产的需求，大量就业机会吸引居民迁入，增加住房需求，也会动政府加大对基础设施的投资，带动区域经济增长，提高居民收入和消费能力，以此吸引开发商投资开发。企业的存在和发展状况影响开发商对未来市场需求和价格走势的预期，开发商会根据企业需求进行相应的开发规划。

六、开发商与政府

政府智能体在生态风险强度的限制下，追求符合地方政府利益的地方经济增长最大化目标——土地财政最大化。

（一）中央政府

中央政府对于城市居住空间演变的作用是从总体上通过影响城市住宅市场进行的。中央政府作为国民经济的宏观调控者，必然从宏观、综合的角度考虑住宅行业的发展，要承担起防范金融风险，规范住宅行业的经营行为，通过促进住宅业健康发展承担起支持经济增长的责任。同时在以人为本的施政目标下，又要尽量实现"居者有其屋"的政治目标。中央政府的调控措施主要包括指导性的政策建议以及宏观调控手段，例如土地政策、金融政策、税收政策等来调节住宅供应量、住宅供应结构和住宅需求，从而影响城市居住空间的演变过程。

（二）地方政府

地方政府作为国家权力执行机构，主要有三大目标：①作为土地使用权的实际操作者，地方政府对城市土地资源利用进行总体规划和监管；②社会效益，地方政府是社会公共利益的代表，要以发展地方经济、提升城市形象、完善公共基础设施等为目的，促进地方经济发展和社会进步；③地方财政收入的持续增长，发展房地产业可以提高 GDP 增长速度和增加地方财政收入，是实现这一目标的重要手段之一。地方政府作为城市用地规划的制定者和操作者，对城市的形态和结构变化具有决定性作用。因其目标较多，角色定位的差异使得城市政府在制定土地、住宅以及市场等相关政策时带有倾向性，这种倾向性进而影响城市的演化进程。

政府在国土空间规划中扮演着宏观调控者的角色，其决策行为对开发商的投资策略具有重要的引导作用。政府通过制定土地规划政策，明确不同区域的土地利用性质和开发强度限制，为开发商的投资活动提供了基本框架。例如，在城市的核心商业区，政府可能规定较高的容积率和建筑密度，鼓励开发商进行商业地产开发，以促进商业繁荣；在生态保护区或历史文化街区，则严格限制开发强度，确保生态环境和文化遗产得到有效保护。

开发商作为城市建设的重要参与者，其投资开发行为也对政府的决策产生反作用。开发商的大规模投资开发活动可以带动区域经济发展，增加就业机会，提升地方税收收入，这与政府追求的经济增长和社会发展目标相契合。例如，一个大型商业综合体的开发，不仅能创造大量的就业岗位，还能吸引众多商家入驻，促进消费增长，带动周边区域的经济繁荣，从而增强政府对该区域的发展信心，可能促使政府进一步加大对该区域基础设施建设和公共服务配套的投入。

七、政府与就业

政府可以通过政策如税收优惠、减免政策、产业扶持政策（如补贴与高科技产业园区等）增加就业机会，进而影响居民的就业选择；政府投资建设和完善交通基础设施，高质量的公共服务（如教育、医疗、公共安全等）使该区域更具吸引力，影响居民的居住和就业选择；政府通过分区法规规定不同区域的土地使用类型（如商业区、工业区、住宅区），引导企业选址和就业岗位分布，从而影响居民的就业选择。相关的住房政策（如保障性住房、租金补贴等）影响居民的居住选择，从而间接影响其就业选择。

政府会根据居民的就业选择和需求制定和调整区域发展政策。高就业率和高收入群体的聚集可以促进区域经济发展，增加地方政府的税收收入，提高区域的经济活力。与此同时居民就业选择和聚集的区域需要更多的公共服务，政府需要根据这些需求调整公共服务的供给和质量。

第三节　国土空间演化模型构建

一、国土空间演化模型结构

国土空间模型集成了多个子模型，主要包括六个相互作用的子模型，并与外部交通需求模型和宏观经济模型相连。交通需求模型预测交通状况，如通行时间、不同区域之间的出行效用；宏观经济模型用于预测未来的宏观经济条件，如人口和各行业的就业情况。国土空间模型的主要子模型包括可达性模型、转移模型、迁移模型、区位选择模型、开发商模型和房价模型，这些模型组件按顺序执行。模型数据流如图3-3所示，描述了各个模型的数据输入输出流。从此图可以清楚地看到子模型之间的关系和数据流向。

二、转移模型

转移模型（transition model）根据控制总量，得到每年新增家庭/就业列表和闲置区域，目的是使模拟过程中的人口、家庭和就业量与规划者的总体预期数量保持一致。其中家庭和就业总量依据政府部门的统计和预测数据确定，具体见第二章第二节"三、社会经济控制数据"。

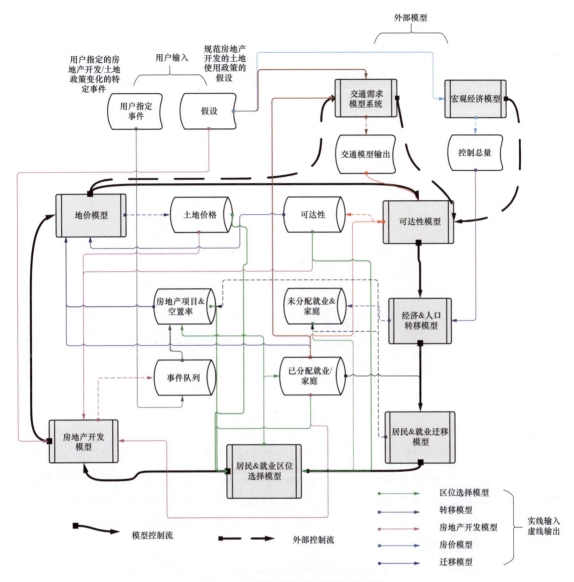

图 3-3　国土空间模型结构和数据图

（一）家庭转移模型

家庭转移模型并不直接预测家庭总量，而是依赖于外部提供的控制总量数据。如果所提供的家庭总量数据是汇总数据，未对家庭类型进行细分，那么模型会默认现有的家庭分布和结构保持稳定不变。

家庭转移模型的具体算法示意图如图 3-4 所示。家庭转移模型通过将家庭总量控制数据与现有数据对比，有效地识别出各类家庭数量的增减。对于呈下降趋势的家庭类型，模型将从家庭数据库中删除相应条目。与此同时，被删除的家庭所占用的空间变成了可用的闲置空间，可供家庭区位选择模型中的其他家庭进行选择。本质上是被删除家庭对应的建筑物中的闲置住房单元数（vacant_residential_units）加 1。

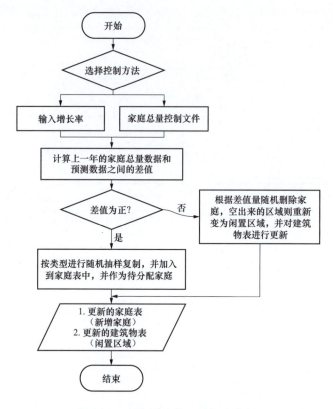

图 3-4　家庭转移模型算法示意图

对于数量增长的家庭类型，则创建新的家庭条目数据，并将其加入待分配家庭列表中，以便在后续的家庭区位选择模型中进行分配。新增家庭数据本质上是来自原有的家庭数据，按家庭类型经过随机抽样复制得到。新增家庭不会立即被分配到具体位置，而是先被添加到数据库，并被标记为位置未定，随后参与家庭区位选择过程。

（二）就业转移模型

就业转移模型与家庭转移模型算法一致，就业状态转移模型主要是根据外部就业总量控制文件或就业增长率，计算各行业就业总量的增加或减少，使就业量与总体预期数保持一致。

三、迁移模型

迁移模型（relocation model）用于判断家庭/就业岗位中哪一些会在研究周期中（一般五年迭代一次）进行空间位置上的迁入和迁出，可以反映不同类型家庭或不同行业就业岗位迁移概率的差别。迁移率数据具体见第二章第二节"三、社会经济控制数据"。

图 3-5 为家庭迁移模型算法示意图。首先，通过家庭特征来查迁移概率。家庭特征与迁移率表中的家庭分类特征一致。若迁移率数据中无分类，即表示所有类型家庭的迁移概率一致。其次，使用蒙特卡罗随机抽样方法来决定家庭是否迁移。随机抽取一个数，将其与家庭的迁移概率进行比较。如果随机数小于家庭迁移概率，则预测该家庭在周期中将会迁移。

一旦家庭被确定为迁移家庭，对应的当前位置信息（建筑物编号）将会被清除。本质上是被标识为−1，表示为位置待定。

迁移模型运行后，迁移家庭所对应建筑物的闲置居住单元数相应增加，即释放了新的闲置区域。此外，迁移的家庭会被加入到待分配家庭列表中，以供后续在家庭区位选择中进行位置分配。因研究区域较小，在本研究中不考虑企业在研究区域中的迁入和迁出，即无就业迁移模型。

四、区位选择模型

区位选择模型是土地模型中的核心模型，负责对新增家庭和就业岗位、迁移家庭和就业岗位进行选址分配，即模拟社会经济活动的分布。区位选择模型分为家庭区位选择模型和就业区位选择模型。

在家庭区位选择模型中，预测从家庭转移模型得到新增的家庭，或者已决定在区域内进行迁移的家庭会选择的位置（建筑物）。在就业区位选择模型中，预测新增就业岗位会选择的位置。以家庭区位选择为例描述区位选择模型建立流程，如图 3-6 所示。

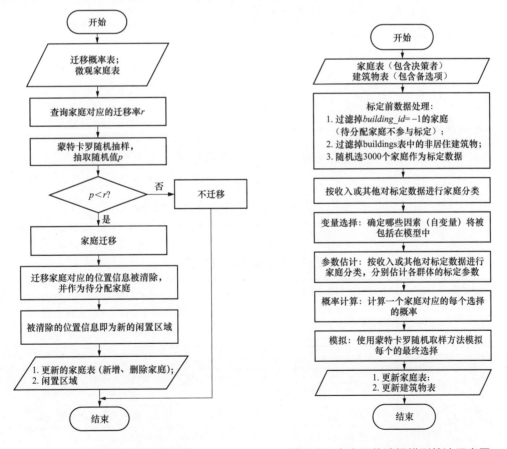

图 3-5 迁移模型算法示意图   图 3-6 家庭区位选择模型算法示意图

（一）区位选择模型的构建方法

区位选择模型基于随机效用最大化（random utility maximization，RUM）理论，假设个体或家庭在选择住房、企业在选择办公地点时，会考虑区位属性（如价格、交通便利性、邻近服务设施等）和个体偏好，从而选择使其效用最大化的地点。区位选择模型具体采用多项 Logit 模型（multinomial logit model，MNL）[64]预测家庭/企业选择特定区域的概率。

（二）效用函数

对于给定的决策者 q（家庭或企业）和可选地点 i（建筑物单元），该地点的效用 U_{qi} 可以表示为：

$$U_{qi} = V_{qi} + \varepsilon_{qi} \tag{3-1}$$

式中：V_{qi}——效用函数的可观测项，由一系列影响地点选择的属性（如地点的房价、交通便利性等）和决策者特征的线性组合而成；

ε——效用函数的随机项，反映了效用中未被模型观察到的部分。

$$V_{qi} = \beta X_{qi} \tag{3-2}$$

式中：X_{qi}——影响决策者选择地点 i 的一系列属性和决策者特征的向量；

β——参数向量，通过最大似然估计法（MLE）估计得到。

（三）MNL 模型——选择概率

在多项 Logit 模型中，决策者选择特定地点 i 的概率 P_{qi} 如下：

$$P_{qi} = \frac{e^{V_{qi}}}{\sum_{j \in C} e^{V_{qj}}} \tag{3-3}$$

（四）家庭区位选择模型

利用多项 Logit 模型的基本原理建立了区位选择模型。在区位选择模型中，家庭和就业岗位的位置选择是基于一系列变量的考量，这些变量通常涉及家庭或企业特征和区位特征，在区位特征属性中，又包含了交通可达性、住宅特性和环境特性[65,66]。

居住区位选择模型变量说明具体见表 3-2。就业区位选择模型变量说明具体见表 3-1。

表 3-2 居住区位选择模型变量说明

类别		特征变量	变量描述
家庭特征属性		收入	家庭的经济能力，直接影响住宅和交通的选择范围
		家庭人口数	家庭成员的总数，直接关系到对住宅空间需求的大小
		是否有子女	家庭结构的一个重要方面，影响对教育资源及住宅类型的偏好
区位特征属性	交通可达性	综合设施可达性	衡量家庭日常活动地点（如学校、工作地、购物中心）到住宅的便捷性
	住宅特性	平均房价	人们的居住成本与财产价值，影响购买或租赁的决策
		住房面积（平均）	衡量家庭对生活空间的需求和舒适度
		地均住房套数	地块中的住房套数

类别		特征变量	变量描述
区位特征属性	环境特性	容积率	衡量建设用地的使用强度，间接反映该区域的拥挤程度
		绿地率	地块绿化覆盖的程度与空间分布，影响居民的生活质量和健康
		公共交通覆盖率	在地块影响范围内公共交通系统的服务能力
		地块道路节点数	反映地块所处的道路网络的密集程度和交通流动性
		邻里就业数	在一个特定范围内的就业岗位总数

对于不同的家庭分类或行业分类，将分别构建一个独立的 Logit 模型来预测家庭和就业岗位的区位选择，即设置分段 Logit 模型（segmented logit model）。通过这种分段，模型分别估计各群体的选择参数，提高预测的准确性和针对性。这种方法考虑了家庭和就业岗位在决策中的差异性，即不同类型家庭或行业背景有不同的选择偏好，高收入家庭可能更偏好于交通便利性高或教育资源丰富的地区，而低收入家庭可能更注重住宅的经济承受能力。

（五）降低模型求解复杂度

为了降低家庭区位选择模型求解的复杂度，主要采用两种策略简化标定过程和备选集的选择。首先，通过随机抽样方法从所有可能的空置住宅单元中选择一个合理大小的子集（通常为 20～100 个选项），以构造实际的备选集。这种方法既保证了备选集的多样性，又避免了模型因备选项过多而导致的计算量过大和数据稀疏问题。其次，在模型标定阶段，考虑到家庭数据量庞大且备选项众多，则选取有代表性的样本进行分析，而非使用全部数据，这样既减少了计算负担，又保证了模型估计的有效性。

在具体应用中，在完成了参数的选择后，需要从微观家庭和就业数据中进行随机抽样。根据样本变量值，利用最大似然估计对模型系数进行估算，得到的回归系数将作为常量用于之后的模拟。基于回归系数和每个待分配家庭所对应的变量值，可计算对应的各备选项的选择概率。最后，利用蒙特卡罗模拟方法，基于选择概率做出最终选择决策，确定待分配家庭和就业岗位所对应的建筑物编号，完成家庭和就业岗位到建筑物的分配过程。

五、开发商模型

开发商模型模拟的是开发商寻求最适合新开发项目的区位选择过程，并模拟房地产开发项目的开发类型、容积率等。根据最大效用理论，选择开发效益最大的开发类型和容积率进行开发，最终得到新增建筑物列表。首先需要通过计算供给和需求量确定应该增加和减少的房地产开发数量。开发商模型根据开发项目的用途又分为住宅开发项目子模型和非住宅开发项目子模型。建筑物类型分类表如表 2-2 所示。

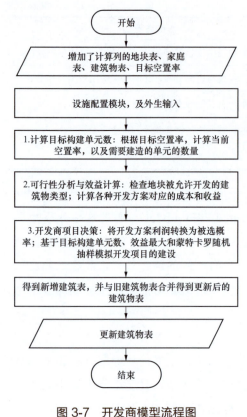

图 3-7 开发商模型流程图

（一）开发商模型流程和框架

开发商模型的整体流程图见图 3-7。首先，根据建筑物表和家庭表计算出当前市场的空置率和供给量，再结合目标空置率计算出市场需求量和当前空置率，并分析开发商具体需要建设的住宅单元的数量和非住宅面积。之后，结合政策规划文件，进行可行性分析和效益计算，根据效益最大化原则，分析地块适合的开发形式、成本和收益。最后，将收益转换成被选择概率，结合蒙特卡罗随机抽样模型完成地块选择，确定在哪些地块上进行开发、开发形式和空置率等。最后得到新增建筑物，并将新增建筑物合并到输入建筑物表中，输出更新后的建筑物表。

开发商模型主要包括 3 个子模块：可行性分析及效益计算、配置模块和开发项目区位选择模块，开发商模型框架如图 3-8 所示。

（二）模型输入

开发商模型的输入参数主要包括其他模型的输出结果集外生输入两部分，具体内容如下：

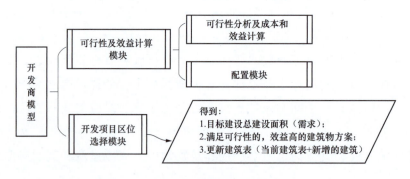

图 3-8 开发商模型框架

1. 其他模型的输出

其他模型的输出包括分区规划表（zoning）、地块表、建筑物表和环境特征变量（和区位选择模型中一致）。

2. 外生输入（配置模块）

外生输入是进行房地产开发商模型效益计算的基础假设和固定参数。这些输入在模型的配置模块中设定，并在进行地块上某类建筑物开发的可行性计算时使用。外生输入描述如表 3-3 所示。这些外生输入参数对开发商模型的效益计算至关重要，它们决定了项目的财务模型和最终的经济可行性。开发商需要根据这些参数来评估项目潜在的盈利能力，并做出是否开发的决策。

表 3-3　　　　　　　　　　　开发商模型输入

输入类型	数据	数据描述（默认值）
其他模型输出		地块表
		建筑物表
		家庭表
		分区规划表（zoning）
外生输入	土地成本	地块单位购买成本，见图 3-7
	高度断点和单位建设成本	不同高度和不同开发类型对应的单位建设成本
	平均层高	设为 2.8m
	折现率	折现率=营业净收入/房产价值，可将未来的现金流折现到现在的价值；国内为 3%～8%
	期望利率	房地产商的期望利率，设为 1.1
	目标空置率	设定的理想未出租空间比例，用以平衡供需；用于待开发住宅单元的数量和非住宅面积，范围为 0～1，本文设 0.15 左右
	停车配比	不同开发用途对应停车配比不同。停车配比为 100 平对应的停车位数。本文中，商业：1.5、工业：0.6、办公：0.5 和居住：1.0
	地上和地下的停车位占比	建筑物对应的地上和地下的停车位占比，总和为 1。本文设置商业和住宅建筑地下停车位占 80%，工业建筑地下停车位占 70%，服务办公建筑地下停车位占 90%
	单位车位面积	地上：25m²/个，地下：35m²/个
	停车位单位建设成本	地上：100 元/m²、地下：1200 元/m²
	建筑物底面积覆盖率	建筑物密度，为建筑物占地面积与地块总面积的比率，本文设置为 0.8
	最大容积率和限高	不同开发类型对应的最大容积率和限高；如本文设置工业建筑物的层数控制在 9 层以下，高度不超过 50m

（1）土地成本。

根据 2020 年某经济技术开发区城镇建设用地标定地价文件，绘制得到图 3-9 所示的土地标定地价文件。

（2）高度断点及建设成本。

指建筑设计中的特定高度层次，每个断点可能意味着不同的建筑规定、材料要求或建造技术。这些断点在通常与建设成本增加相关联。常见的建筑高度分类：如低层（1～3 层）、中层（4～7 层）和高层（8 层以上）。不同高度以及不同建筑物类型对应的单位建设成本又不相同。本文基于建筑高度分类，设置的高度断点分别为 12m、24m、36m、48m 和 72m。

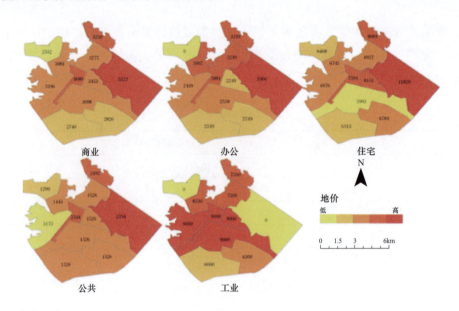

图 3-9　建设用地标定地价

3. 可行性分析及效益计算

（1）地块可行性分析。

在进行地块可行性分析之前，需要对地块进行可行性分析，检查地块被允许开发的类型。其输入是分区规划表，在表中规定了每个地块被开发的类型。

（2）成本和效益计算。

开发商模型是一个评估流程，旨在对指定地块上每一种政府规划许可的建筑类型进行营利性分析。以一个特定地块为例，如果其规划许可的开发类型包括住宅和商业，那么模型将估算出在该地块上建造各类建筑可能带来的预期收益。

成本效益计算模块对每个潜在开发项目的成本利润测算表格进行分析。成本利润测算表格是一个详细的现金流量模型，它考虑了项目的所有预期收入和成本，以及财务折现，来评估项目的净现值（net present value，NPV）。开发商模型模拟开发建筑物的高度、容积率、停车数和占地面积等，使得每个地块都能产生最大的盈利性，即净现值最大化。

例如，对一个地块进行营利性预测，将会根据其许可的开发建筑类型创建可能的备选方案列表（代表不同的开发类型），并评估不同建筑类型在该地块上的潜在收益，得到不同建筑物方案对应的最优营利利润。具体效益计算方式如下：

1）建设面积计算。

地上建筑物面积计算。基于土地面积和容积率进行计算，地上建筑物面积 = 土地面积×容积率。

停车位数量计算。每一类开发类型均有特定的停车配比，总停车位数 = 地上建筑物面积×停车配比。

地上和地下停车位数量计算。根据总停车位数以及地上、地下停车位占比进行分配。

停车位建设成本计算。包括地上和地下停车位的修建成本。地上（地下）停车位修建成本=地上（地下）停车位数×地上（地下）单位停车位面积×地上（地下）单位停车位建设成本。

建筑物层数计算。层数=容积率/建筑物密度。其中，建筑物密度等于建筑物基底面积÷地块面积，为外生输出，预设为 0.8；容积率为模拟建筑物方案的信息。

总建设面积计算。总建设面积=地上建筑物面积+地下和地上的停车位面积。

2）成本和效益计算。

地上建设成本计算。通过将各层所在的不同高度区间的总面积乘以各自对应的单位建筑成本来计算得出。

总建设成本计算。总建设成本=地上建设成本+停车位修建成本。

总成本计算。包括总建设成本和购地成本。

总收益计算。每期收益=总建设面积×所在地区的年租金。总收益=每期收益÷折现率。

净现值 NPV（利润）计算：收益=总收益−总成本。

4. 开发商项目区位决策模块

（1）住房单位与就业空间需求估算。

通过分析目前市场的就业空间和住房供需状况，确定需要开发多少商业空间和新住房单元。根据需求者数量（需要住房单元的家庭数或就业岗位数）、现有单元数量（住房单元或就业空间）以及目标空置率来计算需要开发的新住房或就业单元数量。具体计算如下：

$$N_{\text{nem}} = \left(\max \frac{N_{\text{agents}}}{1 - V_{\text{target}}} - U_{\text{current}}, 0 \right) \tag{3-4}$$

式中：　N_{nem} ——所需新建的单元数；

　　　　N_{agents} ——需求者的数量，即需要住房单元或就业空间的人或企业的数量；

　　　　V_{target} ——目标空置率；

　　　　U_{current} ——当前现有的单元数。

（2）开发项目选择模块。

在计算了每个地块对应的开发方案的效益之后，需要根据效益结果计算出每种开发方案可能被选择的概率。基于效益最大化模型进行选择。与区位选择一样，在计算出概率后，基于蒙特卡罗随机抽样模型进行决策。

六、房价模型

房价模型旨在估计住宅单元的销售价格以及租房单元的租金。房地产市场通过价格机制将土地和建筑物分配给不同的消费者。这意味着不同的人基于的偏好和支付能力选择不同的住房和商业空间。

（一）供需与市场价格均衡

房价用于反映不同区位的需求与供应匹配程度，并且会根据市场均衡趋势进行迭代调整。"需求"指愿意且能够在给定价格下购买房产的人数，"供给"则是市场上可供出售的房产数量。需求超过供给时，价格上升；反之，则下降，直到达到平衡。

（二）特征价格模型

特征价格模型（hedonic pricing model）是一种经济模型，用来估计商品或服务的价格随其特征或属性变化的影响，常用于房地产市场。模型基于一个核心假设：房地产的市场价格可以被其属性（特征）所解释，例如位置、建筑面积、房龄、周边设施等。

本文使用特征价格模型估算居住单位销售和非居住租金，形式如下：

$$y_i = \beta_0 + \beta_1 x_1 + \beta_2 x_2 + \cdots\cdots + \beta_n x_n + \varepsilon \tag{3-5}$$

式中： y_i——住宅价格；

$x_1 \cdots x_n$——特征变量；

$\beta_1 \cdots \beta_n$——每个特征对价格影响的系数；

ε——误差项。

（三）输入变量的选取及筛选

本文将影响房价的特征变量分为住宅特征、环境特性和交通可达性三大类，如表 3-4 所示。具体的特征变量选取可能会根据模型的实际应用和可用数据的不同而有所差异。

表 3-4　　　　　　　　　　　房价模型特征变量

变量类型	变量名称
住宅特征	房龄
	单元面积
住宅特征	地均住房套数
环境特征	容积率
	绿地率
	公共交通覆盖率
交通可达性	综合设施可达性

七、可达性模型与地块划分模型

（一）可达性的定义、内涵及评价方法

Hansen[67]于 1959 年首次提出了"可达性"的概念，即"交通网络中节点间相互作用机会的大小"，其实质是指"网络中从一个节点到达另一个节点的容易和便捷程度"。

可达性一般包括四个组成要素：交通系统因素、国土空间因素、时空因素和个人因素，可达性是四个因素共同作用的结果。同时，可达性对四个组成因素也有反馈作用，如居民

居住地一般偏向于选择在就业、商业、医疗、学校等可达性高的地方。

过去 30 年间，可达性在定义、测度和建模方面经历了各种变化，衍生了多种度量方法。这些大致可分为三类：基于数理统计的方法，用于主观层面的可达性研究；基于拓扑网络的方法，强调要素间的连接关系，常用于航空、地铁和公路等网络的分析，又可大致分为矩阵方法和空间句法；基于几何网络的方法，相比于基于拓扑网络，更能反映真实道路交通网络。基于几何网络的方法大致分为空间阻隔、机会累积和空间相互作用 3 类模型。

基于空间相互作用的方法考虑因素更为全面，更能准确模拟现实环境。当前，许多学者从空间相互作用的角度来度量可达性[68]。空间相互作用模型主要包含潜力模型、两步移动搜索法和胡弗（Huff）模型。

本研究基于改进潜力模型计算各地块的可达性，具体公式如（3-6）、式（3-7）所示，考虑交通系统因素和国土空间因素。以地块质心为需求点，并用地块人口数衡量需求点规模；以办公、学校、商业、休闲和就业（各类公共服务设施）为供给点。具体计算公式如下：

$$A_i = \sum_{j=1}^{n} A_{ij} = \sum_{j=1}^{n} \frac{S_j}{V_j d_{ij}^{\beta}} \tag{3-6}$$

$$V_j = \sum_{k=1}^{m} P_k d_{kj}^{-\beta} \tag{3-7}$$

式中：A_i——研究区域的 n 个设施对居民点 i 产生的总潜力值；

A_{ij}——设施 j 对居民点 i 产生的潜力；

β——摩擦系数，用于描述出行阻抗，介于 0.90～2.29，取 1.8[69]；

S_j——设施 j 的服务范围；

d_{ij}——居民点 i 到设施 j 的出行阻抗；

V_j——人口规模影响因子（服务需求的竞争强度）；

n——设施总数；

m——居民点总数；

P_k——居民点 k 的人口数，表示第 k 个居住点的消费需求；

d_{kj}——居民点 k 和设施 j 之间的通行时间。

A_i 的值实际上是研究区域内各公共服务设施对需求点 i 的吸引力的累积值，A_i 值越大，可达性越好。

采用上述可达性计算方法，基于小汽车网络和公共交通网络计算得到的研究区域公共服务设施可达性分别如图 3-10 和图 3-11 所示。

（二）地块划分

在现实世界中，可以观察到各种样式的地块划分布局。地块在国土空间类型、形状和离道路的距离等特征都是独特的。在进行地块细分时的规则如下：

（1）确保每个子地块有出口。

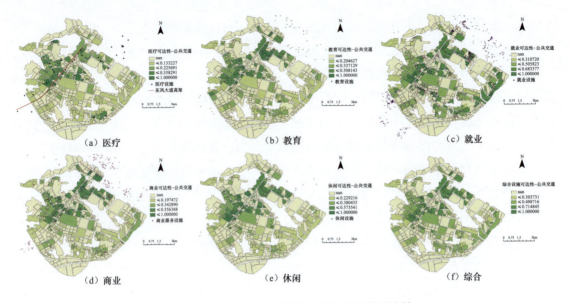

图 3-10　基于小汽车网络的公共服务设施可达性

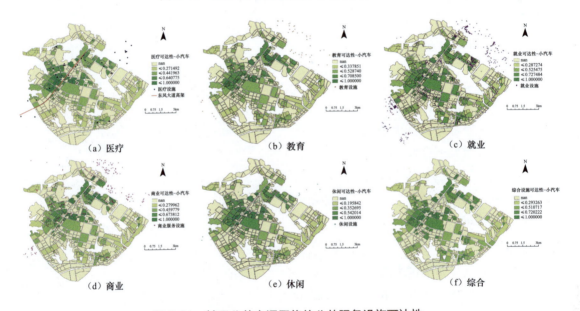

图 3-11　基于公共交通网络的公共服务设施可达性

（2）保证每个子地块的形状都是规则的。

（3）减少分割地块内部的街道的数量，并增加子地块的数量。

（4）创建位置紧密的子地块。

（5）保证现有的街道能延伸到地块边界。

考虑地块细分的规则特性，本研究设计了两种地块细分布局：规则细分布局和递归二分布局，应用于各种形状、大小和方向的地块细分。

为适应各种形状和方向的地块，采用最小外接矩形（minimum bounding rectangle，

MBR）作为基础矩形，简化了不规则地块划分的复杂性。地块细分过程示意图如图 3-12 所示，主要包含以下 3 个步骤，流程如图 3-13 所示。

1. 生成最小外接矩形（MBR）

本文首先通过最小旋转外接矩形（minimum rotated bounding rectangle，MRBR）来获取 MBR。MRBR 是一个包裹地块的最小矩形区域[70]，如图 3-12（a）中绿色矩形所示。MRBR 是通过对地块的边界点进行旋转和外接处理得到的，旋转角度 θ 是自动计算的，使得矩形区域的面积最小。MBR 是一种特殊的 MRBR，其边界 x 轴和 y 轴保持平行。将 MRBR 沿其质心旋转 $-\theta$，即可使得其边与坐标轴平行，进而得到 MBR，如图 3-12（b）中绿色矩形所示。

2. 应用细分布局

以 MBR 为划分基础，对其应用细分布局。在此步骤中，初步得到子地块和街道空间，如图 3-12（c）所示。

3. 旋转和裁剪

在细分布局完成后，为了确保子地块与母地块具有一致的方向性，需要进行旋转操作。以 MRBR 的质心为旋转参考点，将初始细分地块旋转 θ 度。之后，以母地块作为掩膜，对旋转后的初始细分地块进行裁剪操作，得到如图 3-12（d）所示效果。在裁剪过程中，位于边界的子地块可能会小于预定的最小地块面积。通过旋转和裁剪，我们得到了一组新的子地块，这些地块不仅与母地块的方向一致，而且满足所有设定的约束条件，随后被用于替换掉原有的母地块。

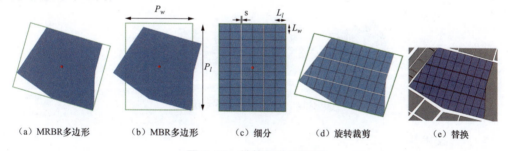

| (a) MRBR多边形 | (b) MBR多边形 | (c) 细分 | (d) 旋转裁剪 | (e) 替换 |

图 3-12 地块细分示意图

（1）规则划分。

规则细分布局根据用户指定子地块长度（L_l）和宽度（L_w）进行地块细分。如图 3-13 所示，规则细分布局生成的子地块是按行或者按列进行排列的。此种划分方式的特点是会产生规整、线性排列的子地块和平行的内部街道。

（2）递归二分。

递归二分布局通过循环二分地块的最小外接矩形，直到子地块面积不超过用户预设值（S_i）。在此策略中，首先生成母地块的 MBR 并沿其长轴进行二分，得到两个子地块。随后，检查子地块面积是否小于或等于 S_i。如果面积大于 S_i，该子地块将被视为新的母地块，并重复前述步骤，直到所有子地块面积都不超过 S_i。递归二分细分布局示意图如图 3-14 所示。

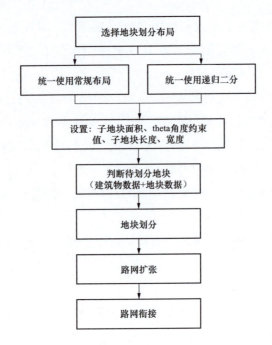

图 3-13　地块划分与城市路网协同扩展方法流程图

图 3-14　递归二分划分示意图

（三）路网扩张

路网扩张是城市交通基础设施建设与优化的重要过程，旨在通过一系列规划、设计和建设活动，增加道路网络的覆盖范围、提升道路连通性与通行能力，以适应城市发展带来的交通需求变化，推动城市功能完善与区域协调发展。

基于地块划分能得到初始的子地块和地块内部新增街道的矢量数据。路网扩张过程大致可分为三个步骤：

（1）基于地块划分模型得到的地块内部街道矢量数据构建地块内部子路网；

（2）对地块内部路网进行拓扑简化；

（3）基于衔接规则和约束条件调整街道位置，并衔接到原始路网中。路网扩张流程图如图 3-15 所示。

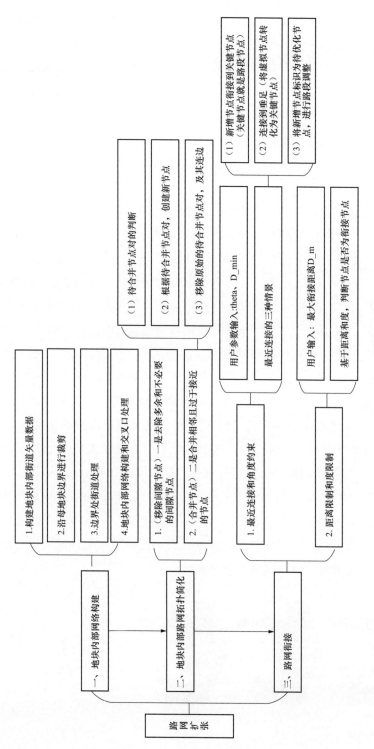

图 3-15　路网扩张流程图

1. 地块内部网络构建

在地块划分的过程中，不仅得到了各个子地块，还能获取到地块内部新增街道的位置。这为后续步骤提供了重要的空间信息。基于这些新增街道空间信息，构建了相应的街道矢量数据，并进一步将矢量数据构建为路网模型（G_s）。具体步骤如下：

（1）构建地块内部街道矢量数据。在递归二分布局中，新增街道的矢量数据实际是分割地块的分割线；在规则细分布局中，也直接得到了地块的插入位置信息。基于 Shapely 库即可构建新增道路的矢量数据，如图 3-16（a）所示。

（2）沿母地块边界进行裁剪。因为矢量数据的构建是基于地块的最小外接矩形（MBR）的，构建出的内部街道矢量数据会有溢出地块的情况，因此需要沿母地块边界对其进行裁剪。裁剪后如图 3-16（b）所示。

（3）边界处街道处理。裁剪过程可能导致特殊情况，特别是在地块边界不规则或存在凹陷时。这种情况下，新增的街道可能会被打断，如图 3-16（b）所示。为解决这一问题，本文采用沿地块边界对被打断的道路进行补全的策略。补全后的街道矢量数据呈现图 3-16（c）中。

然而，若直接使用这些补全后的街道数据来构建地块内部网络，可能会导致一些问题。图 3-16（d）所示，在本应为交叉口的位置缺失相应的节点，这主要是因为街道矢量数据实际上代表的是街道的中心线，而非具有一定宽度的实体街道。观察图 3-14 中递归二分的示意图，可以发现由于生成街道布局的方式，分割线（即街道的中心线）在交叉口处可能不会相交。为了解决这一问题，对矢量数据两端进行延长，延长距离设为 $s/2$，其中 s 是用户设定的街道宽度。通过这样的延长操作，得到了最终的、更为准确的街道矢量数据。

（4）地块内部网络构建和交叉口处理。在获取到完整准确的街道矢量数据后，利用 NetworkX 来构建地块内部网络模型。这个模型初步被标记为 G_s，包括地块内部所有街道和交叉口的信息。进一步地，对 G_s 进行优化，去除其中的短边以得到如图 3-16（e）所展示的地块内部初始网络 G_s。值得注意的是，不能简单地依据距离来删除短边，因为这样可能会导致街道在某些部分被不当地打断。在这里，"短边"特指那些在交叉口处出现线段溢出，形成的较短的边。针对这种情况，设定只有边的长度小于预设的短边距离，并且至少一端的节点的度数值为 1 时，该边才会被删除。

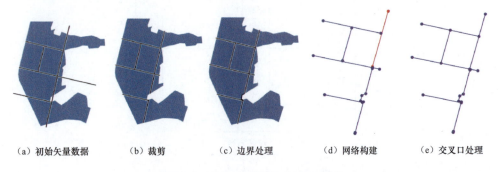

(a) 初始矢量数据　　(b) 裁剪　　(c) 边界处理　　(d) 网络构建　　(e) 交叉口处理

图 3-16　地块内部网络构建示意图

2. 地块内部路网拓扑简化

对于地块内部拓扑网络，简化是必不可少的步骤。地块内部路网拓扑简化步骤包括两方面：①去除多余和不必要的间隙节点；②合并相邻且过于接近的节点。以下内容详细描述了地块内部拓扑网络的简化方法。

（1）移除间隙节点。

在基于地理数据初步生成的网络中，节点可分为以下类型：①交叉口节点，即由多条街道交会而成；末端节点，也称作死胡同，它的度为 1；②自环节点；③间隙节点，是单条街道上位于街道弯曲处度为 2 的节点。其中，间隙节点并不是真正意义的交叉口，不代表任何实际的街道分叉或交会点，只是表示街道的弯曲或微小变化，如图 3-17（b）所示中的红色节点。这种间隙节点并不影响路网的整体结构和功能性，因此，需要识别并去除这些间隙节点。在严格的简化模式下，节点只能属于三种情况：末端节点、自环节点和交叉口节点。

（2）节点合并。

在移除间隙节点之后，仍存在交叉口过于接近的情况，即不满足交叉口间距约束，如图 3-17（c）所示。为了解决这一问题并优化网络的拓扑结构，需要进一步对地块内部子网络进行调整，融合那些彼此过于接近的节点。

首先，要判断待融合节点对。通过考虑边的长度和两端节点类型，来确定边的两端节点是否为待合并的节点对。当边的长度小于用户设定的最小交叉口间距，且边的两端节点类型均为交叉口节点时，即可确定边的两端节点为待合并的节点对。不可合并的节点包括死胡同、待简化的间隙节点和自环节点。若不排除这些节点，合并过程将对原始街道的形状产生较大影响，例如弯曲的街道将变为直线。

待合并节点对将被合并为一个新节点，新节点位于待合并节点对连线的中点，如图 3-17（d）所示。在创建新节点的同时，新节点将会继承待合并节点的所有邻接关系，所有原来与待合并节点相连接的边都会被更新为与新节点相连，即同时创建新的连边。

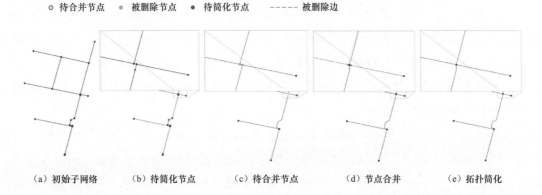

（a）初始子网络　（b）待简化节点　（c）待合并节点　（d）节点合并　（e）拓扑简化

图 3-17　节点简化示意图

最后，待合并节点对及其连边将会被移除。在进行拓扑简化和节点合并后，将得到更新后的地块内部子网络 G_s。

3. 路网衔接

在构建并处理完地块内部的子网络模型（G_s）后，需要将其衔接到原始道路网络（G）中。在已有的研究中，许多学者已经成功地构建了批量划分地块并在地块内部构建街道的模型[71-73]。然而，这些模型的局限在于，它们关注于在地块划分时为新增街道预留出空间，并未涉及交通网络的构建和扩张。同时，已有模型未深入考虑到地块内部街道布局的优化，以及路网衔接规则。

在已有的道路网络生长模型中，路段连接机制包括"距离限制""角度偏好""度限制"和"最近连接"等规则。本文在路网衔接中综合考虑以上衔接规则，并根据衔接规则对地块内部街道路段布局进行优化，以实现地块内部子路网和原始道路网络的有效衔接。

（1）最近连接和角度约束。

在真实的城市道路网络中，将新增路段衔接到最近的路网节点是进行路网扩张时常见的策略，既能增强道路网络的连通性，又能节约成本。发生最近连接时，存在三种不同的场景：①将新增节点连接到现有网络中的关键节点；②将新增节点连接到最近路段上的虚拟节点（垂足）；③将新增节点标识为待优化节点，进行路段调整。本文将节点分为关键节点和虚拟节点，前者是 G_s 和原始路网 G 中的路段端点；而虚拟节点则是新增节点到原始路网最近路段的垂足，均匀分布在 G 的路段上。当 G_s 中的关键节点衔接到虚拟节点时，该虚拟节点被转换为关键节点。

在衔接过程中，用户输入角度阈值 θ 和最小交叉口间距 D_{min} 是判断衔接场景的关键参数。θ 越大，表示更轻松的角度限制，倾向于将新增节点链接到更多的关键节点；θ 越小，表示约束越严格，倾向于将虚拟节点转换为关键节点，即新增一个交叉口。此外，在衔接时还需考虑交叉口间距。根据城市道路交叉口设计规程可知，平面交叉口间距应能满足转向车辆变换车道所需时间、满足红灯期车辆最大排队长度，以及满足进出口道总长度的要求。如图 3-18（a）所示，新增节点 f 对应的最近原始路网关键节点为 a。若 $\min(\alpha, \beta) \leqslant \theta$，则直接连接到关键节点，构建衔接路段 af；若 $\min(\alpha, \beta) > \theta$ 且 $\min(D_{ac}, D_{bc}) > D_{min}$，虚拟节点 c 会转变为关键节点，并构建衔接路段 cf；若 $\min(\alpha, \beta) > \theta$ 且 $\min(D_{ac}, D_{bc}) > D_{min}$，节点 f 被标记为待优化节点。待优化节点不适宜直接衔接到现有网络，而是需要通过位置调整来达到合适的连接状态。

在图 3-18（b）中，节点 f 为待优化节点。若将其衔接到关键节点 a，会生成较为不合理的"锐角路段"；反之，如果连接到虚拟节点 c，cf 间距将不满足最小交叉口间距要求。因此，待优化节点不适合衔接，更适合进行位置调整。针对这种情况，将节点 f 调整到对应的最近原始路网关键节点 a 处，从而将路段 ef 调整为 ef'。相关的真实路网衔接示意如

图 3-19 所示。

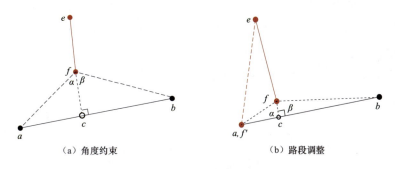

（a）角度约束　　　　　　　　　（b）路段调整

图 3-18　路网衔接规则

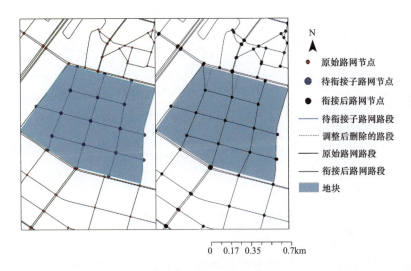

图 3-19　路网衔接示意图

（2）距离限制和度限制。

在路网衔接中进行衔接距离限制有助于确保道路网络的连贯性和一致性。缺乏距离限制可能会导致随机的、不规则的连接出现。为了有序地将子图 G_s 整合到原始路网 G 中，首先需要遍历 G_s 中的节点，以判断哪些节点为衔接节点。本文设置了一个最大衔接距离阈值（D_m）来进行衔接节点判断。

在这一步骤中，首先查找节点对应的虚拟节点，并计算节点至虚拟节点的距离（d_v）。若 $D_m \leqslant d_v$ 且节点度为 1，则该节点为衔接节点；若 $D_m < d_v$，则该节点为非衔接节点，将不参与后续的节点链接步骤。设置 $D_m \geqslant d_v$ 且节点度为 1 为衔接节点的依据在于，进行拓扑简化后的道路网络节点即代表现实网络的中的交叉口，其度的变化范围非常地有限。Yuan[74]等基于实证研究得出真实的道路网络平均度位于 2～3.04。因此，此处仅考虑将度值为 1 的节点作为待衔接节点，以约束节点度的变化范围。

（四）地块划分及路网扩张结果

基于地块划分和城市路网协同扩展模型，对研究区域待划分地块进行批次处理。所示的基础路网和待划分地块为例，设定 $\theta = 45°$，$D_{min}=150m$，$D_m=50m$，得到图 3-20 右侧所示的扩张后的路网。从右侧中可以看出，模型对研究区域待划分地块进行了批次处理，得到了地块内部子路网，并对原始路网进行了扩张。

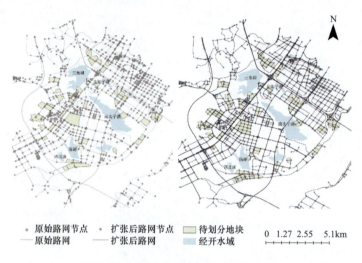

图 3-20　待划分地块与地块划分结果

第四节　本　章　小　结

本章深入研究了国土空间的时空演化规律。通过引入多智能体模型，详细分析了政府、开发商、家庭和就业等智能体在国土空间规划中的决策行为及其相互关系，揭示了国土空间变化的驱动因素。在此基础上，构建了国土空间演化模型，集成了转移、迁移、区位选择、开发商和房价等多个子模型，并与外部交通需求和宏观经济模型相连，模拟了国土空间的动态演化过程。同时，对国土空间演化中的交互关系进行了全面分析，探讨了各智能体之间的相互作用对国土空间布局的影响。通过这些研究，深入理解了国土空间演化的内在机制，为国土空间规划提供了科学依据，有助于实现国土空间的合理利用和可持续发展。

第四章

精细化交通规划方法

精细化交通规划方法与社会的日常运作、居民的生活质量以及城市的可持续发展密切相关。随着城市规模的不断扩大与交通需求的日益增加，如何通过精细化的交通规划提升交通系统的效率、减轻交通拥堵、优化资源配置，已成为城市可持续发展的关键。本章将深入探讨精细化交通规划方法的主要影响因素，包括交通需求预测、交通流量管理、智能交通系统等方面，分析各因素之间的相互关系，并结合具体模型的构建与应用实践，阐明这些方法在城市交通规划中的实际效果与应用场景。通过全面梳理这些方法，本章旨在提供一种科学、合理、切实可行的交通规划思路，以应对日益复杂的城市交通问题，提升交通系统的运行效率，进而促进城市社会经济的可持续发展。

第一节　交通规划主要影响因子

一、居民的出行活动

出行活动是指出行个体在某一个持续的时间段内以某个目的完成特定事件的过程。对于同一出行主体，不同时间和空间的活动之间的连接需要由出行来实现，因此出行的产生来源于活动，同时活动属性会影响出行的时间、交通方式等出行特征。基于活动对个体日常生活的必要性和灵活性，本文将活动分为两类，分别为强制活动和非强制活动[75-77]。

（一）强制活动

强制活动指的是那些在确定的时间点或时间段内必须执行的活动，主要为上班和上学。这些活动通常是为了满足个体的基本日常需求而发生，具有较高的时间约束性，其发生时间通常受到诸如工作或学校时间表等外部因素的严格限制。此外，强制活动的地点也往往是固定的，如办公地点或教育机构，进一步体现了其规律性和可预测性。

（二）非强制活动

非强制活动相对来说更加灵活和自由。这类活动的选择和执行很大程度上取决于个体的个人偏好和意愿，分为餐饮、购物、社交娱乐、医疗和其他。例如，个体在选择就餐地点、购物中心、娱乐场所或社交活动时，通常会考虑多种因素，如个人喜好、地点的便利性或预算限制。非强制活动的时间安排和地点选择因此呈现出高度的多样性和不确定性。这类活动虽然在时间和空间上较为灵活，但对交通流量和出行模式的影响仍然不容忽视。

综上所述，将日常活动划分为强制活动和非强制活动两类，不仅有助于深入理解个体的出行行为模式，也为预测和规划城市交通提供了重要的理论基础。通过分析这两类活动的特点和影响，可以更准确地预测交通需求，从而为城市交通规划和管理提供科学依据。

居民的出行活动不仅是交通规划的重要参考，还直接影响着交通规划的效果和实施。了解和分析居民的出行需求和行为，是实现科学合理交通规划的关键。

居民的出行活动在交通规划中的作用，主要体现在以下几个方面：

第一，确定交通设施布局：居民的出行模式和习惯是交通规划的基础数据，分析居民的出行需求，可以确定交通设施的布局和规模。

第二，进行交通流量预测：了解居民的出行时间和路线有助于预测交通流量，从而优化道路设计和交通管理措施，减少拥堵。

第三，调整公共交通规划：居民的出行活动数据可以帮助规划和调整公共交通线路和班次，提高公共交通的覆盖率和服务水平。

第四，合理规划基础设施建设：根据居民的出行需求，可以合理规划和建设道路、桥梁、人行道、自行车道等基础设施，提升出行便利性和安全性。

第五提供政策制定依据：居民的出行行为和偏好可以为制定交通政策提供依据，如限行措施、停车管理、交通费率调整等。

居民的出行活动对交通规划的影响主要体现在：

第一，出行需求：居民的出行活动直接决定了交通规划中的出行需求总量。不同年龄段、职业和生活习惯的居民出行频率和出行目的各不相同。

第二，出行方式选择：居民对不同出行方式的选择对交通规划有着重要影响，如今居民的出行方式主要包括步行、自行车、公共交通（如公交车与地铁）、私家车等。如果居民更倾向于选择公共交通出行，那么交通规划就需要加大对公共交通系统的投入和建设，包括增加公交线路、提高公交频次、改善地铁站点布局等。

第三，出行时间分布：居民出行活动的时间分布影响着交通规划中的交通流量分配。早晚高峰时段居民出行需求较为集中，会导致交通拥堵等问题。

二、居民个体特征属性

居民的个体特征属性在交通规划中不仅是重要的参考数据，同样也影响着交通规划的效果和实施。通过深入分析这些特征，可以制定出更科学、更人性化的交通规划方案。

居民的个体特征属性主要体现在以下几个方面：

第一，年龄和性别：不同年龄和性别的居民在出行方式和频率上有显著差异。例如，年轻人可能更倾向于使用公共交通或骑自行车，老年人可能更依赖于步行或私家车。

第二，收入水平：收入水平直接影响居民的出行选择。高收入群体可能更倾向于使用私家车，而低收入群体则更依赖于公共交通。

第三，职业和工作地点：职业类型和工作地点也会影响出行模式。例如，办公室职员可能有固定的通勤时间和路线，而自由职业者的出行时间和地点则更为灵活。

第四，家庭结构：有孩子的家庭可能更倾向于选择方便的出行方式，如私家车，以便接送孩子。单身人士或无子女家庭则可能更倾向于使用公共交通。

第五，教育水平：教育水平较高的居民可能更关注环保和健康，选择步行、自行车或公共交通的比例较高。

居民个体特征对交通规划的影响如下：

第一，需求预测：通过分析居民的个体特征，可以更准确地预测不同区域和群体的出行需求，从而制定更合理的交通规划。

第二，设施布局：根据居民的特征属性，可以优化交通设施的布局。例如，在老年人集中的社区增加步行道和休息区，在年轻人集中的区域增加自行车道和共享单车站点。

第三，政策制定：了解居民的个体特征有助于制定更有针对性的交通政策，如优惠票价、限行措施等，以满足不同群体的需求。

三、居民出行心理需求

出行者总是会偏好效用最大的出行方案，该方案综合了时间、费用、舒适度、便捷性、安全性等一系列因素，能带给出行者更好的出行体验。人们通常偏向于选择旅行时间短、费用低、舒适度高、相对更便捷、安全性更高的交通工具。

居民的心理需求在交通规划中的影响，主要体现在以下几个方面：

第一，出行方式选择：居民的心理需求会影响他们对出行方式的选择。例如，注重环保的居民可能更倾向于选择公共交通、自行车或步行，而不是私家车。

第二，交通分配：心理需求还会影响交通资源的分配。为了提高居民的出行满意度，交通规划需要考虑不同出行方式的需求，合理分配道路、自行车道和人行道的空间。

第三，心理健康：居民的心理需求对出行体验有直接影响。舒适、安全和便捷的出行环境可以提高居民的满意度。因此，交通规划需要关注道路设计、公共交通设施的舒适度和安全性。

第四，出行体验：良好的交通规划可以减少出行压力，提升居民的出行体验。例如，减少交通拥堵、提供便捷的公共交通服务，可以降低居民的出行焦虑和压力。

四、交通网络

交通网络是由各种交通基础设施相互连接而形成的复杂系统，主要用于实现人和货物在不同地点之间的移动。

在对城市交通系统进行分析预测时，通常使用交通网络描述实际的道路网拓扑结构，以图论为基础将交叉口、道路等路网结构描述为网络图中的点和边，在传统单一出行方式网络中，各交通方式分别处于不同层次的子网络，建立多模式复合交通网络，为不同方式的换乘提供分析基础。

交通网络在交通规划中起着至关重要的作用，主要体现在交通流量管理、出行方式选择、区域发展、环境影响等方面。

目前，交通网络一般通过以下几种方法表示：

第一，邻接矩阵：邻接矩阵是一种常用的表示方法，通过矩阵中的元素表示节点（如交叉口）之间的连接关系。

第二，权矩阵：权矩阵在邻接矩阵的基础上，进一步表示节点之间的连接强度或权重，如距离、时间或费用。

第三，邻接目录表：邻接目录表使用两组数组表示网络的邻接关系，一组表示与某节点相连接的边的条数，另一组表示与该节点相邻接的节点号。

第四，图表示法：交通网络也可以表示为图，其中节点代表交叉口或站点，边代表道路或轨道。图表示法直观且便于进行网络分析。

超级网络理论是一种综合性的网络模型，其主要应用于城市交通领域，着眼于多模式公共交通网络和城市多模式组合出行。在多模式公共交通网络方面，超级网络理论致力于建模和优化各种交通模式（如常规公交、快速公交、轨道交通等）之间的相互作用，以提高交通系统的效率和可持续性。同时，在城市多模式组合出行方面，该理论探讨了自行车、小汽车、常规公交、轨道交通等多种交通模式的综合利用，以创造更便捷、高效和环保的出行选择。通过应用超级网络理论，研究者们能够构建更全面、综合的区域交通网络模型，为城市规划和交通管理提供有力的决策支持。这一理论框架的发展也促进了新型模型算法的研究，以更好地解决多模式交通网络中的复杂问题，推动城市交通系统的可持续发展。

与道路网络相比，城市多模式公共交通网络具有以下特点：

（一）三维性

道路网络是由路段和交叉口组成，采用传统的二维图论方法进行建模。相较之下，公共交通网络由多个公交站点和公交线路构成，包括公交站点、公交路段和公交线路，呈现出三维性。公交网络的复杂性在于其依附于道路网络，公交站点位于道路路段上，相邻站点通过公交路段连接，一个站点可由多条线路经过，同样，一条公交路段可容纳多条线路，使得公交网络的建模比道路网络更为繁琐。

（二）多层次性

道路网络仅有一层结构，相对较容易研究。相反，我们建立的多模式公共交通网络是一个超级网络，由常规公交、快速公交和轨道交通三个层次的子网络叠加而成。不同模式的公共交通网络具有各自独特的特征，需要全面考虑。

（三）连通性

道路网络通过交叉口将路段连接，然而在公共交通网络中，道路网络中连接的点未必在公共交通网络中也是相连的。

（1）同一公交线路上的站点是相连的，即直达；

（2）在同一站台上，不同线路可以通过换乘相互连接，即同站换乘；

（3）结合步行网络，不同线路可以通过在不同公交站点之间，在可接受的步行距离内通过步行换乘实现连接，即异站换乘；

（4）出行的起始点和目的地到附近的公交站点可以通过步行连接。因此，公共交通网络在连通性方面较道路网络更为复杂。

（四）组合出行

单一模式网络出行是指出行者在一次出行中不改变交通方式，例如只通过小汽车实现点到点的出行。随着城市规模的扩大和公共交通系统的不断完善，可供出行者选择的交通方式更加多样化，从而推动了公共交通组合出行行为的普及。公共交通组合出行，也称为公共交通一体化出行，指的是乘客在完成一次公共交通出行时，根据出行时间、费用和舒适性等因素，在多模式公共交通网络中选择不同的出行路径和公共交通方式（或组合）以抵达目的地，即一次公共交通出行可能包含一次或多次从一种交通方式到另一种方式的公共交通换乘行为。

城市多模式交通网络是一个复杂而多样化的交通系统，它涵盖了多种交通模式。相较于传统的单一交通模式，城市多模式交通网络的设计和管理考虑了更多的交叉点和互联性，以提供更灵活、高效和综合的交通选择。

以下是城市多模式超级网络的一些主要特点：

第一，多种交通模式：城市多模式交通网络涵盖了不同的交通方式，如道路交通、公共汽车、轨道交通、自行车和步行。这使得居民和访客可以根据需求和偏好选择最适合的交通方式。

第二，互联性：不同交通模式在城市多模式交通网络中相互连接和交叉，形成一个复杂的网络结构。这种互联性有助于提高整个交通系统的流动性和可达性。

第三，多层次结构：城市多模式交通网络通常具有多层次的结构，包括道路网络、公共汽车网络、轨道交通网络等。这种多层次结构允许针对每个模式进行专门优化，并为居民提供更全面的交通服务。

第四，综合规划：城市多模式交通网络的规划需要综合考虑各种交通模式的需求和限制。这涉及交叉点、站点位置、交叉模式的顺畅过渡等因素。

第五，智能交通管理：利用先进的技术和数据分析，城市多模式交通网络可以实现智能交通管理，包括交通流量监测、路况预测、智能信号灯控制等，以提高整体交通效率。

第六，可持续性：设计和推行城市多模式交通网络时，通常考虑可持续性因素，如减少交通拥堵、降低排放、鼓励使用公共交通等，以推动城市可持续发展。

第七，城市多模式交通网络的发展旨在提供更全面、便捷、环保的出行选择，同时促使城市交通系统更加智能和可持续。

第二节　交通规划影响因子相互关系

一、个人出行属性相互关系

个人出行属性之间的相互关系主要体现在以下几个方面：

（一）居民个体特征属性与居民出行活动类型

居民出行活动类型与居民个体特征属性之间存在着相互依存、相互影响的关系。个体特征属性如年龄、性别、职业、收入和家庭结构等是出行活动类型选择的重要决定因素；同时，出行活动类型也在一定程度上塑造了居民的个体特征属性。这种相互关系体现了城市居民出行行为的复杂性和多样性。为了更好地理解和应对这种关系，城市规划者、交通管理者以及相关政策制定者需要充分考虑居民出行需求和行为特征，制定科学合理的交通政策和城市规划方案，以促进城市交通的可持续发展和居民生活质量的提升。

（二）居民出行活动类型与居民出行心理需求

居民出行活动类型与居民出行心理需求之间存在着密切的相互影响关系。一方面，出行活动类型直接决定了居民在出行过程中可能产生的心理需求；另一方面，居民的心理需求又在一定程度上引导了他们的出行决策和偏好。因此，在制定城市交通政策和规划时，需要充分考虑居民出行心理需求与出行活动类型之间的关系，以提供更加符合居民期望的出行环境和方式。同时，居民也应根据自身的心理需求合理选择出行活动类型和方式，以获得更好的出行体验。

（三）居民个体特征属性与居民出行心理需求

居民个体特征属性与居民出行心理需求之间存在着紧密而复杂的相互关系。个体特征属性如年龄、性别、职业、收入和家庭结构等是影响居民出行心理需求的重要因素；而出行心理需求则在一定程度上引导了居民的出行决策和塑造了他们的出行习惯。这种相互关系体现了城市居民出行行为的多样性和复杂性，也为城市交通规划和政策制定提供了重要的参考依据。因此，在制定相关政策和规划时，应充分考虑居民个体特征属性与出行心理需求之间的相互关系，以提供更加符合居民期望和需求的出行环境和服务。

个人出行属性相互关系如图 4-1 所示。

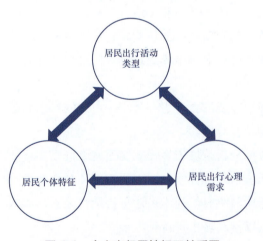

图 4-1　个人出行属性相互关系图

二、个人出行与交通网络相互关系

个人出行与交通网络的相互关系可以归纳如下：出行需求影响交通网络规划：个人出行需求的多样性、时空分布特征等直接影响了交通网络的规划与设计。例如，通勤高峰时段的出行需求促使交通网络优化公交线路、地铁运行时刻表等，以满足大量乘客的快速出行需求。

交通网络决定出行选择：完善的交通网络为个人出行提供了多样化的选择。不同的交通方式（如公交、地铁、自驾、骑行等）在交通网络中的覆盖范围、便捷程度、舒适度等差异，直接影响了出行者的决策。一个高效、便捷的交通网络能够吸引更多乘客，减少私人交通的使用，从而缓解交通拥堵问题；出行行为反作用于交通网络：出行者的行为特征（如路径选择、出行时间分布等）也会对交通网络的运行状态产生影响。例如，大量出行者集中在某一时间段内出行，可能导致交通拥堵；而合理的出行规划则有助于分散交通流量，提高交通网络的运行效率；技术与数据驱动交通网络优化：随着智能交通系统的发展，大数据、人工智能等技术的应用使得交通网络能够根据实时出行需求进行动态调整和优化。例如，通过分析出行数据，可以预测未来的交通流量，从而提前采取措施缓解交通拥堵；同时，也可以根据出行者的反馈意见，不断改进交通网络的服务质量和效率。

综上所述，个人出行与交通网络之间存在着相互依存、相互影响的关系。优化交通网络以满足多样化的出行需求，同时引导出行者合理规划出行路线和方式，是实现城市交通可持续发展的重要途径。个人出行与交通网络相互关系如图4-2所示。

图 4-2　个人出行与交通网络规划关系示意图

第三节　精细化规划模型

交通精细化规划模型同样基于微观数据，与土地演化模型不同的是，交通精细化规划模型以个人而非家庭为基本单位。通过三个子模型实现对考虑个体异质性和行为偏好等因素的城市精细化交通需求预测，分别是个体出行活动选择模型、基于心理账户的交通方式选择模型和交通分配模型。相较于集计预测模型，交通精细化规划模型考虑了出行者自身属性，例如年龄、性别、经济状况等，为出行者从出行次数、出行时间、出行地点、出行方式，以及出行路径的出行链提供全方位精准预测。

在精细化交通规划模型中，首先基于微观人口数据表，考虑出行者的个体特征如性别、年龄以及其他家庭属性等，结合可达性、工作密度等影响因素，通过强制出行选择与非强制选择模型，以个体为单位选择出行者一天的出行链，包括出行次数、时间、地点等，生成分时段的 OD 表，并保留出行者的个体属性。其次，引入心理账户理论，构建多账户的心理账户出行方式选择模型，考虑时间、费用、舒适性、换乘支付意愿等账户，以非集计模型进行交通方式的选择，考虑出行者的异质性对选择的影响，得到分时段的出行者选择方式以及路径的比例。最后，基于出行方式选择模型的结果，计算初始的交通流量，重新计算路段阻抗并进行重新分配，多次迭代直至容差小于阈值停止，得到最终的路段流量数据。

交通精细化规划具体流程如图 4-3 所示。

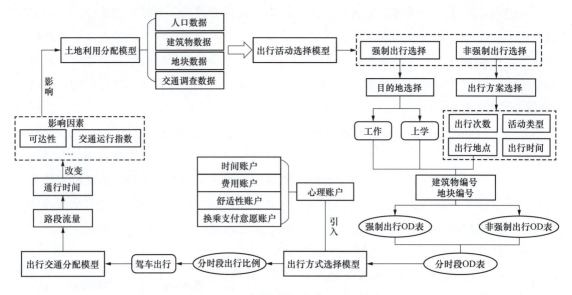

图 4-3 交通精细化规划模型流程图

一、出行活动选择模型

出行活动选择模型是基于微观人口数据分析与预测出行发生量、出行吸引量以及出行分布情况的个体决策模型。根据居民日常出行活动分类，将出行活动选择模型划分为强制出行决策模型与非强制出行决策模型，模型框架如图 4-4 所示。

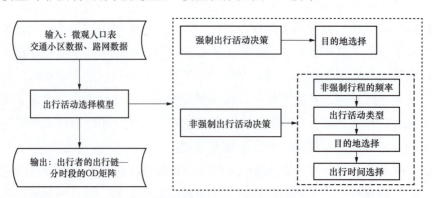

图 4-4 出行活动选择模型框架

强制出行决策模型用于预测居民日常的强制活动，包括通勤者上班和学生上学。强制出行活动由于活动的固定性无须选择出行时间段，但需要预测出行时间以及强制活动的持续时间，出行时间与活动结束的到家时间通常服从对数正态分布，在早高峰（7:00～9:00）和晚高峰（17:00～19:00）期间生成出行时间与到家时间，并以 15min 为界生成随机时间以提供缓冲时间。

强制出行决策模型本质上是针对固定工作与上学地点的长期选择，基于离散选择模型，根据工作与上学两种类型分别选择因变量构造函数进行日常出行目的地选择。首先，根据出行者活动类型构建各出行者目的地备选子集作为选项集；其次，计算备选子集中选择枝的被选概率，家的地点被视为一个指定的出发地点，用多项 logit 模型来计算强制出行活动地点的选择概率，工作地点选择与上学地点选择的影响因素不同，具体影响因素选择如表4-1 所示；最后，通过蒙特卡罗方法分配强制出行活动的目的地。

表 4-1　　　　　　　　　强制出行目的地影响因素表

活动类型	变量类型	变量名称
工作地选择	距离与可达性变量	单程出行距离
		交通小区可达性
	密度与规模变量	交通小区服务岗位的密度
		交通小区办公岗位的密度
		交通小区工业岗位的密度
		交通小区政府岗位的密度
		交通小区零售岗位的密度
	出行者属性变量	出行者工作类型
		出行者年龄
		出行者收入
上学地选择	距离与可达性变量	上学单程距离
		交通小区可达性
	密度与规模变量	交通小区学校容量
	出行者属性变量	出行者年龄

非强制出行决策模型对居民日常非强制活动进行预测，包括购物、外食、探访、游玩等活动，分为非强制出行频率、出行类型、出行地点与出行时间四种选择子模型，子模型基于多项 logit 模型进行多属性问题选择概率的计算。

首先基于多项 logit 模型计算居民日常非强制活动的概率，非强制出行概率选择枝为 {0，1，2，3，4}，效用函数中对出行概率表现出强烈影响的主要是出行者个人与家庭的属性特征，模型中将出行者属性特征进行分段，分段特征对效用值计算的表现不同。其次，为居民的出行频率匹配出行活动类型，出行活动类型选择枝为 {购物，就餐，娱乐，医疗，个人业务}，活动类型选择影响因素主要为出行者的个人与家庭特征。随后，基于活动类型选择对应属性出行目的地，与强制出行目的点选择流程类似，按照活动类型构建目的地选择枝，并结合影响因素计算选择效用值。最后，出行时间的选择枝需要除去早晚高峰的通勤时段，分为{EA00:00～07:00，MD9:00～16:00，EV19:00～24:00}，以个体的出行活动为单位预测活动的开始时间与持续时间，并在个体其他非强制出行活动选择时间前，在选择肢中删除该出行活动的持续时间窗，其中影响出行者时间选择的因素包括出行者个人与家庭的属性，出行频率与出行类型等，具体影响因素如表 4-2 所示。

表 4-2 非强制出行决策影响因素表

决策类型	因素属性	影响因素
出行频率、出行类型	出行者属性变量	出行者年龄
		出行者性别
		出行者家庭收入
		出行者工作类型
		出行者家庭组成情况
		出行者家庭汽车拥有量
出行目的地	距离与可达性变量	单程出行距离
		交通小区可达性
		工作地/上学地出行距离
	密度与规模变量	交通小区对应 poi 密度
	出行者属性变量	出行者年龄
		出行者性别
		出行者家庭收入
		出行者家庭汽车拥有量
出行时间	出行者属性变量	出行者年龄
		出行者性别
		出行者家庭收入
		出行者家庭汽车拥有量
	活动制约变量	出行者非强制出行频率
		出行者非强制出行类型

对所有个体的完整一天出行活动集计处理，且保留出行者个人属性，按照时段形成 OD 出行矩阵，分为五个时间段：EA00:00～07:00，AM7:00～9:00，MD9:00～16:00，PM16:00～19:00，EV19:00～24:00。

二、出行方式选择模型

出行方式选择模型即对出行者出行时分配不同的交通方式，体现出行者在出行时对交通方式的选择行为[78]。以心理账户理论为基础，设置四种心理账户，考虑出行者的异质属性，以个人为单位预测交通方式选择行为，构建基于多心理账户的异质出行者出行方式选择模型。

由于出行者的个人属性在出行选择中有较大影响，首先基于出行者的性别（男、女）、收入（低收入、中收入、高收入）与年龄（未成年人、在职工作者、退休人员）属性将出行者进行分类。

心理账户理论是指个体将事物按照属性划分为不同账户进行收支管理，不同账户有着不同的成本限制，在交通研究中，将每个账户的成本限制作为约束，计算得到收益或损失，并结合收益与损失的敏感性以及损失的厌恶性计算不同行为的效用值。

成本作为出行行为决策的源头，时间成本与费用成本是重要的影响因素。在时间与费用的基础上，对出行成本的组成进行扩展，包括时间、费用、舒适性、换乘支付意愿，将成本划分为时间账户、费用账户、舒适性账户、换乘支付意愿账户，基于心理账户的基本原理，出行成本各账户的值函数表达如下：

$$V_m^n = \begin{cases} (R_m)^{\alpha_m} - (SC_m^n)^{\alpha_m}, SC_m^n \leqslant R_m \\ -\lambda[(SC_m^n)^{\alpha_m} - (R_m)^{\alpha_m}], SC_m^n > R_m \end{cases} \tag{4-1}$$

式中：V_m^n——出行者选择第 n 条路径的第 m 类账户成本效用值；

SC_m^n——出行者第 n 条路径的第 m 类账户成本计算值；

R_m——第 m 类账户的参照点；

α_m——第 m 类账户的成本敏感参数；

λ——损失厌恶参数，参考 Kahneman 的研究标定结果取值为 2.25。

参照点的不同设置方式，对评估收益与损失存在重要影响，参照点细小的移动都可能导致收益值与损失值发生改变[79]。

基于心理账户值函数与参照点计算得到各成本账户的单一效用值，面对多属性的整合效用问题，采用分割的方式进行整合，但每种成本效用值的重要性不同，需要结合权重计算加权心理账户成本效用值，计算公式如下：

$$V^n = \sum_1^m V_m^n \times \omega_m \tag{4-2}$$

式中：V^n——出行者选择第 n 条路径的加权成本效用；

V_m^n——出行者选择第 n 条路径的第 m 类账户成本效用值；

ω_m——第 m 类账户成本的权重值，多类型出行者的效用权重值也基于问卷调查进行统计计算。

假设，选择枝集合为多方式 k 短路径集 $\{1,2,\cdots,n\}$，采用多项 logit 模型计算出现选择选择枝 n 的概率，计算公式如下：

$$P_n = \frac{\exp(\xi V^n)}{\sum_1^n \exp(\xi V^n)} \tag{4-3}$$

式中：P_n——出行者选择路径 n 的概率；

ξ——尺度参数。

计算出选择路径的概率后，将出行者选择路径按照对应交通方式进行分类、统计与整合，以供后续交通分配模型使用。

三、出行交通分配模型

交通分配是把出行方式选择阶段得到的选择驾车出行的交通量结合相应规则将交通量分到每一条路段上。

获取路径选择概率 P_k 后，将出行者的路径选择转换为路段上具体的流量分布，对于给定的起终点之间的出行需求 D_{ij}，每条路径上的流量可以通过计算得到，计算公式如下：

$$f_{ijn} = D_{ij} \times P_n \tag{4-4}$$

式中：f_{ijn}——从起点 i 到终点 j 通过路径 n 的流量；

P_n——出行者选择路径 n 的概率；

D_{ij}——从 i 到 j 的总出行需求量。

其次，需要将路径流量转换为各路段上的流量，假设网络中的每一个路段由一个唯一标识符 α 表示，可以通过累加所有包含路段 α 的路径上的流量来计算路段 α 上的总流量 F_α，计算公式如下：

$$F_\alpha = \sum_{\forall(i,j,k),\alpha \in n} f_{ijn} \tag{4-5}$$

式中：F_α——路段 α 上的总流量；

f_{ijn}——从起点 i 到终点 j 通过路径 n 的流量。

以此流量代入 BPR 路阻函数中计算通行时间，并根据通行时间重新计算在路径集中选择路径的概率，不断迭代，直至迭代容差小于 5%停止，得到最终交通分配结果。

考虑到道路网络节点众多，采用迪杰斯特拉算法（Dijkstra）寻找 k 短路径虽能找到最优解，但会极大增加时间复杂度，因此使用 A*算法代替了 dijkstra 算法进行最短路径的获取，A*算法考虑了启发式算法对路径寻优的影响，能够更快地得到 k 短路径结果，降低了运算时间，更适用于较大规模路网的路径寻找问题。

第四节 精细化方法的应用

一、居民出行特征分析及出行需求预测方法研究

（一）居民出行特征通常包括以下几个方面：

出行次数：分析居民每天或每周的出行频率。

出行目的：了解居民出行的主要目的，如通勤、购物、娱乐等。

出行方式：统计居民选择的交通工具，如步行、自行车、公共交通、私家车等。

出行时间：分析居民出行的时间分布，通常包括早高峰和晚高峰时段。

出行距离：测量居民单次出行的平均距离。

出行起点和终点：研究居民出行的起点和终点分布，通常通过 OD（origin-destination）分析实现。

一般来说，居民出行具有以下特点和规律：

（1）高峰时段明显：早晚高峰时段出行量较大，主要集中在通勤出行。

（2）出行方式多样：不同年龄、职业和收入水平的居民选择的出行方式有所不同。

（3）出行目的多样：除了通勤，购物、娱乐、就医等也是常见的出行目的。

（4）空间分布不均：出行起点和终点的分布往往集中在特定区域，如商业区、住宅区和交通枢纽。

（二）居民活动需求预测方法

1. 基于精细人口扩样数据的居民活动需求预测方法

精细人口扩样数据是指通过多种数据源和技术手段，对人口数据进行细化和扩展，以提高数据的空间和时间分辨率。常用的方法和数据源有手机信令数据、腾讯位置大数据、遥感数据、传统统计数据等。

为克服传统四阶段模型空间分辨率精度不足和忽视出行者偏好多样性的问题，本节在部分城市区域的精细人口扩样数据的基础上，根据基于活动模型的理论，构建居民活动需求预测模型来预测居民的日常活动需求。根据现实生活中人们的出行活动特征，将这些活动模式分为三类：强制模式、非强制模式和在家模式。强制模式指每日进行至少一项需外出的强制性活动，但居民还可以进行其他非强制性活动；非强制模式指只进行需外出的非强制性活动，不进行需外出的强制性活动；在家模式指居民仅在家，不进行外出活动，通常不考虑这一类群体的出行需求。为了预测居民的强制活动，构建了强制活动预测模型，考虑个人属性、家庭属性和方案属性等因素，以预测强制模式居民每日进行强制活动的活动目的地、频率和时间。同样，非强制活动预测模型则考虑同样因素，预测居民每日进行非强制活动的频率、目的地和时间。模型流程图如图 4-5 所示。

本文所提出的基于精细扩样数据的居民活动需求预测方法中主要涉及居民日常活动模式模型、强制活动预测模型和非强制活动预测模型三个模型。其中，居民日常活动模式模型预测的主要目标是确定居民的日常活动模式，而后两个模型则集中于对出行者的活动决策过程进行预测，主要涉及活动的频率、目的地以及时间三个要素。

2. 基于多项 Logit 理论的预测模型

多项 Logit 模型除了可以用于匹配地块信息外，作为一种常用的非集计模型，它还在交通需求预测模型被用于分析和预测出行者在多种方案选择中的决策行为。因此，在居民活动需求预测中采用的模型同样是多项 Logit 模型。

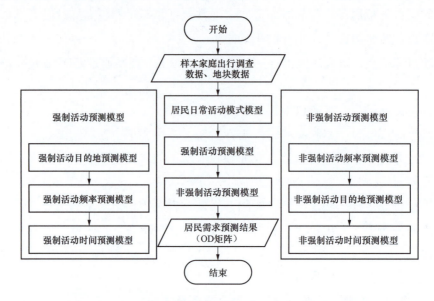

图 4-5 基于精细扩样数据的居民活动需求预测流程图

其效用公式为：

$$U_{ij} = V_{ij} + \epsilon_{ij} = \alpha_j + \beta_j x_{ij} + \epsilon_{ij}$$ （4-6）

式中： U_{ij} ——决策主体 i 选择方案 j 的效用值；

V_{ij} ——可观察的效用部分，通常是一系列影响出行者选择的因素（如个人属性和家庭属性等）的线性组合；

ϵ_{ij} ——随机误差项，表示效用中无法被观测到的部分；

α_j ——选择第 j 种选择的截距；

β_j ——模型可观测部分的参数向量；

x_{ij} ——决策主体 i 选择方案 j 的可观测特征向量。

构建的活动需求预测模型的有效性和可靠性同样通过 z 值检验和 Pseudo R^2 指标进行评估和检验。

z 值检验步骤为提出假设、选择显著性水平、计算 z 值、确定临界值、做出决策。

Pseudo R^2（伪决定系数）检验步骤为：计算对数似然值、计算 Pseudo R^2、解释 Pseudo R^2。

同样地，在考虑到居民活动需求预测的具体数据特征和分析需求后，本文选择使用 Python 中的 ChoiceModels 包中的 MultinomialLogit 模块构建活动需求预测模型。

二、交通网络模型

（一）地铁—公交复合网络

在研究区域内，由于地铁和公交路径的双向对称性，使用无向网络建模足以准确反映其运行特性，小汽车网络则因单行道和道路双向不对称性等因素需构建为有向网络，以确保路径选择和通行时间的准确性。地铁—公交复合网络由轨道交通子网络、公交子网络和地铁—公交换乘连接层 3 部分构成，如图 4-6 所示。具体的构建流程包括 3 个步骤。

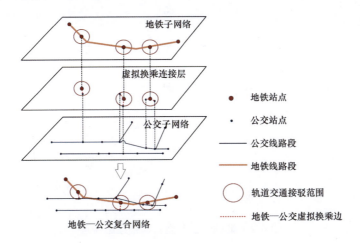

图 4-6　换乘网络构建示意图

　　步骤 1：使用 L-Space 方法构建地铁子网络 G^L 和公交子网络 G^U。其中公共交通站点作为节点，站点间的连接作为边。地铁和公交子网络可简化表示为

$$G^L = (V^L, E^L, W^L) \tag{4-7}$$

$$G^U = (V^U, E^U, W^U) \tag{4-8}$$

式中：V^L——地铁站点集；

　　　　V^U——公交站点集；

　　　　E^L——边集，即地铁线路集；

　　　　E^U——公交线路集；

　　　　W^L——地铁站点—站点的权重；

　　　　W^U——公交站点—站点的权重。

　　步骤 2：构建地铁—公交换乘连接层 E^C。地铁站通常与多个公交站点接驳，将城市公共交通接驳距离设为 770m。将地铁站与其 770m 范围内的公交站点建立虚拟换乘链接，即构建地铁—公交换乘连接层 E^C。利用地铁—公交换乘连接层将地铁子网络与公交子网络组合成地铁—公交复合交通网络。复合网络模型为

$$G^{comp} = [(V^L + V^U), (E^U + E^C + E^L), (W^U + W^C + W^L)] \tag{4-9}$$

式中：G^{comp}——复合网络模型；

　　　　W^C——地铁站点—公交站点边的权重。

　　步骤 3：连边赋权。地铁—公交复合网络连边示意如图 4-7 所示。3 类连边权重分别为：

　　（1）地铁和公交线路段权重为车辆运行时间，采用线路段对应的实际距离与平均运行

速度之比来计算。

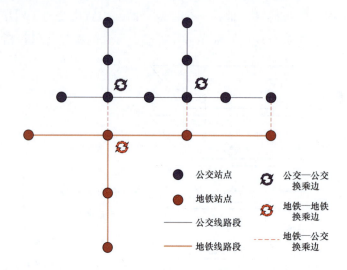

图 4-7　地铁—公交复合网络连边示意

（2）同种交通方式之间的虚拟换乘边权重，按乘客平均候车时间来设置。其中地铁—地铁同站换乘方式涵盖通道、站厅、节点和组合换乘方式，每种换乘方式的便捷程度和所需时间差异较大，需依据实际情况分别设置换乘时间作为权重。

（3）地铁—公交换乘边权重，由站点间欧式距离与平均步行速度的比值计算。基于地铁—公交加权复合网络模型构建研究区域的地铁—公交加权复合网络，如图 4-8 所示。

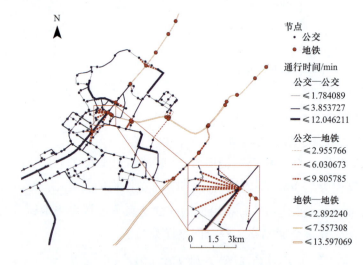

图 4-8　研究区域地铁—公交复合网络

（二）小汽车网络

使用 OSMnx 库直接将小汽车网络数据构建为初始的有向小汽车网络。需要对初始有向小汽车网络进行处理。首先，进行网络拓扑简化，移除单条街道上度为 2 的节点，减少网络节点数量以提升通行时间计算速度。度表示一个节点连接的路段的数量。度为 2 的节点非实际的街道分叉或交会点，仅表示街道的弯曲或微小变化，不影响路网的拓扑结构。其次，对缺失边属性数据进行人工补充。最后，设定自由流通行速度。小汽车网络如图 4-9 所示。

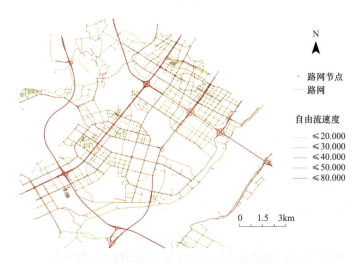

图 4-9　研究区域地铁—公交复合网络

（三）通行时间计算

为准确计算各地块到公共服务设施的通行时间，利用树形数据结构（K-Dimensional Tree，KDTree）空间查询方法确定与起点和终点距离最近的网络节点，将这些网络节点作为路径的起始与终止节点。在路网的路径选择中，采用以时间为权重的 Dijkstra 算法找出起始和终止节点间的最短路径，并据此计算起终点间的全程通行时间。

小汽车和复合网络出行时间构成如图 4-10 所示。图 4-10：复合路网中路径 λ 对应的通行时间 $t_\lambda^{\mathrm{comp}}$、小汽车路网中路径 κ 的通行时间 t_κ^{c} 都包括由起点步行至起始节点时间、等待时间、换乘时间、乘车时间和由终止节点步行至终点时间其表达式为

$$t_\lambda^{\mathrm{comp}} = \frac{(d_\lambda^{\mathrm{acc}} + d_\lambda^{\mathrm{egr}})}{u} + t_\lambda^{\mathrm{w}} + \frac{d_\lambda^{\mathrm{pt1}}}{v_\lambda^{\mathrm{pt1}}} + t_\lambda^{\mathrm{tra}} + \frac{d_\lambda^{\mathrm{pt2}}}{v_\lambda^{\mathrm{pt2}}} \tag{4-10}$$

$$t_\kappa^{\mathrm{c}} = \frac{(d_\kappa^{\mathrm{acc}} + d_\kappa^{\mathrm{egr}})}{u} + \frac{d_\kappa^{\mathrm{car}}}{v_\kappa} \tag{4-11}$$

式中：　　d_λ^{acc}、d_λ^{egr} ——起点、终点到最近公共交通节点的欧式距离；

$\qquad\quad$ d_κ^{acc}、d_κ^{egr} ——起点、终点到最近小汽车网络节点的欧式距离；

d_λ^{pt1}、v_λ^{pt1}，d_λ^{pt2}、v_λ^{pt2} ——公共交通出行第一阶段和第二阶段的实际距离和对应的平均运行速度，该阶段可以是公交或地铁 t_λ^{tra} 为公共交通换乘时间；

$\qquad\qquad$ t_λ^{w} ——公共交通初始等待时间；

$\qquad\qquad$ d_κ^{car} ——起终节点间的驾车实际距离；

u ——平均步行速度，参考范围为 4.3～4.8km/h;

v_κ ——小汽车网络路段对应的自由流速度。

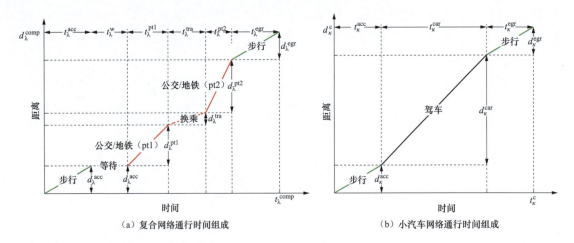

（a）复合网络通行时间组成　　　　　　（b）小汽车网络通行时间组成

图 4-10　通行时间组成

三、基于心理账户理论的交通方式划分与交通分配组合模型

传统的多项 Logit 模型假设出行者在选择交通方式时是完全理性的，但这种假设无法解释实际中出行者的复杂决策行为。然而在实际情况中，出行者往往受到多种心理因素的影响，决策过程并不完全理性。通过引入心理账户理论，可以更好地模拟出行者在不同情境下的选择行为，从而提高模型的预测准确性。

心理账户理论提出个体会根据特定的标准将资源和决策分配到不同的虚拟账户中，这些标准可能基于出行目的、交通方式的属性、个人经验等。在交通方式选择中，出行者可能会根据通勤、休闲出行、紧急出行等不同目的建立多个心理账户，每个账户内部包含了对时间、成本、舒适度等因素的特定偏好和权衡。

对于出行者心理而言，存在一个感知阈值，指的是出行者在两种或多种交通方式之间的感知效用差异小于某一特定值时，其选择行为趋向于随机性或不确定性。这个概念有助于解释即使在提供了充足信息的情况下，出行者的交通方式选择仍然显示出一定程度的非理性或随机性。

在已有的研究中，一般选用前景理论的值函数作为心理账户理论的值函数，如下所示:

$$V_m^n(X) = \begin{cases} (X_m^n - X_m^n)^\alpha, & X_m^n \leqslant X_{mr}^n \\ -\lambda(X_m^n - (X_{mr}^n)^\beta, & X_m^n > X_{mr}^n \end{cases} \tag{4-12}$$

式中：α ——收益边际敏感参数;

β ——损失边际敏感参数;

X_{mr}^n ——n 类出行者心理账户 m 的参照点;

λ——损失厌恶参数。

在建立复合路网之后，地铁、公交、小汽车为同一层次网络，地铁公交不再具有 IIA 特性，引用广义函数对多方式出行效用进行计算，将费用、时间、换乘行为进行统一量化，更好地体现交通方式带来的优势。第 k 类出行者的广义费用计算公式如下：

$$SC^{n,k} = \sum_m V_m^{n,k} \times \mu_m^k \tag{4-13}$$

式中：$SC^{n,k}$——第 k 类出行者选择 n 类交通方式的广义费用；

　　　$V_m^{n,k}$——第 k 类出行者选择 n 类交通方式的 m 类心理账户成本值；

　　　μ_m^k——第 k 类出行者选择 n 类交通方式的 m 类心理账户权重值。

设置四种成本心理账户，即时间心理账户、费用心理账户、舒适性心理账户、换乘意愿心理账户。计算时间价值将出行成本归一化，调查出行成本的重要度，用于加权计算效用。

通过对国内外时间价值的研究，人们对成本的预算一般指金钱或时间，通常以月为单位，结合本研究的实际情况，采用工资法计算时间价值，计算公式如下所示：

$$val_n = W_{\text{work}} \frac{inc_n}{T_{\text{work}}} \tag{4-14}$$

式中：W_{work}——工作者出行时间价值系数；

　　　val_n——出行者 n 的各类时间价值；

　　　inc_n——出行者 n 的月均收入；

　　　T_{work}——出行者 n 的月工作时间。

通行时间成本计算公式为：

$$T_{rs}^n = val_n \times t_{rs}^n \tag{4-15}$$

式中：T_{rs}^n——OD 对（r，s）的出行时间成本；

　　　t_{rs}^n——OD 对（r，s）的出行时间。

小汽车出行票价计算公式为：

$$P_{rs}^{c,k} = H_c \times S_{rs}^k \tag{4-16}$$

公共交通出行票价计算公式为：

$$P_{rs}^{c,k} = H_b \times L_{rs}^{k,b} + H_m \times L_{rs}^{k,m} \tag{4-17}$$

式中：H_c——小汽车每千米花费的燃油费；

　　　S_{rs}^k——OD 对（r，s）路径 k 出行距离；

　　　H_b——公交车每条线路乘车的花费；

　　　$L_{rs}^{k,b}$——OD 对（r，s）路径 k 的公交线路数；

　　　H_m——地铁每条线路乘车的花费；

　　　$L_{rs}^{k,m}$——OD 对（r，s）路径 k 的地铁线路数。

舒适性成本将主观感知到的乘车舒适度作为舒适性成本，计算公式为：

$$COM^{n,k} = val_n \times \frac{\gamma_c \times Z_{rs}^k}{S_{rs}^k} \tag{4-18}$$

式中：$COM^{n,k}$——第 k 类出行者选择路径 n 出行的舒适性成本；

γ_c——疲劳折减系数；

Z_{rs}^k——OD 对（r，s）路径 k 的实际通行时间。

换乘成本：对于虚拟边带来的换乘延误，采用出行距离与换乘次数的比值计算成本，具体计算公式如下。

$$\omega_{rs} = \frac{t_b \times n_{rs}^k}{S_{rs}^k} \tag{4-19}$$

式中：ω_{rs}——换乘延误成本；

t_b——公共交通单次换乘花费时间；

n_{rs}——OD 对（r，s）上路径 k 的换乘次数。

根据 MNL 模型计算 OD 对之间选择不同路径的概率，出行者选择不同方式的概率计算公式如下：

$$P_{rs}^p = \frac{\exp(\sigma V_{rs}^p)}{\sum_N \exp(\sigma V_{rs}^p)} \tag{4-20}$$

式中：P_{rs}^p——OD 对（r，s）出行者选择方式 p 的概率；

N——出行方式的总量；

λ——服从尺度参数。

交通分配组合模型融合了出行者的交通方式选择与交通网络中的流量分配两个关键环节。该模型的核心在于，将出行者的交通方式选择结果直接作为交通分配模型的输入变量，进而通过模拟交通网络中的流量变化及其对出行者心理账户影响的反馈，实现对交通网络状态的动态预测与优化。该过程通过不断迭代循环，旨在寻找一个平衡点，使得网络中的交通流量分布与出行者的交通方式选择达到一个相互协调的动态均衡状态。

在模型的初始阶段，出行者根据个人的偏好、预期的出行成本和时间等因素，在不同心理账户的指导下进行交通方式的选择。这些偏好可能包括对成本、时间或舒适度的不同权重分配，反映了个体在不同出行情境下的具体需求和期望。

随后，交通方式划分的结果被引入交通流量分配过程中，其中考虑了道路容量和交通需求条件，模拟了交通流如何在整个网络中被分配。重要的是交通分配的结果导致的路段流量变化会反过来影响出行者的心理账户，进而影响他们的交通方式选择。这种双向动态反馈机制确保了模型能够捕捉到交通网络状态和出行者行为之间的相互作用。

通过这一迭代循环过程，模型逐步接近收敛状态，此时网络中的交通流量分布与出行者的交通方式选择实现了动态的均衡。这种方法的优势在于其不仅能提供更准确的交通流预测，还能够考虑到出行者行为的动态变化，使得该模型成为城市交通规划和管理的有力决策支持工具。

交通组合模型迭代求解流程如图 4-11 所示。

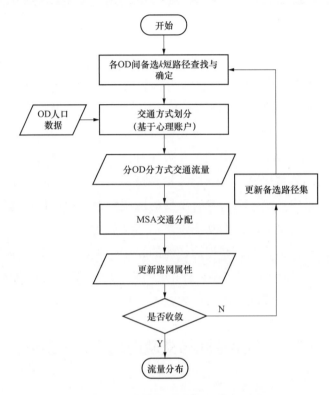

图 4-11　交通组合模型迭代求解流程图

第五节　本　章　小　结

本章重点探讨了精细化交通规划方法。首先剖析了交通规划的主要影响因子，包括居民的出行活动、个体特征属性、出行心理需求以及交通网络等，明确了这些因子之间的相互关系及其对交通规划的综合影响。接着，构建了精细化交通规划模型，通过出行活动选择模型、出行方式选择模型和交通分配模型，以个人为基本单位，充分考虑个体异质性和行为偏好，实现了对城市精细化交通需求的预测。最后，详细阐述了该模型在居民出行特征分析及需求预测、交通网络模型构建、交通方式划分与交通分配组合等方面的应用，展示了精细化交通规划方法在提升交通系统效率、优化资源配置方面的重要作用，为解决城市交通问题提供了科学有效的手段。

第五章

国土空间与交通规划互馈理论

随着城市化进程的加速和交通网络的持续完善，国土空间与交通之间的关系变得越加紧密。二者之间的相互作用与反馈机制已成为影响城市可持续发展的关键因素之一。因此，本章将深入探讨国土空间与交通互馈理论，揭示国土空间与交通规划之间复杂的互动关系及其反馈机制。通过构建土地与交通一体化的双层反馈模型，分析了国土空间和交通系统如何在不断变化的城市环境中相互影响、互为促进。该模型不仅为城市交通规划提供了科学依据，还为国土空间管理提供了有效的理论支持与实践指导。尤其是在国土空间与交通规划一体化平台的建设中，这一理论具有重要的应用价值。通过该反馈模型，一体化平台能够更精准地模拟土地与交通之间的互动关系，动态优化空间布局与交通网络配置，推动资源的高效利用。此外，基于此互馈理论构建的算法，平台能够识别和调整不同城市区域的交通需求与国土空间结构，实现精准调控，进而提升城市整体规划的科学性和可操作性，为城市的可持续发展提供持续的理论支持和技术保障。

第一节　国土空间与交通规划互馈关系分析

一、国土空间影响交通因素分析

（一）土地开发强度

土地开发强度是指建设用地总量占行政区域面积的比例，包括容积率、建筑密度、建筑高度、绿地率等几项主要指标[80]。土地开发强度用来衡量区域的土地开发程度，它对交通系统有着极大的影响，能够影响居民的出行需求、城市交通结构以及交通设施的配置等。

开发强度低的土地代表着建设用地较少或者分散，导致区域内的国土空间缺乏系统性和结构性，造成土地资源的浪费，未能实现土地资源的最佳利用。在这种情况下，每个交通小区的交通需求生成相对均衡且分散，未出现由人口聚集导致的道路过度拥挤问题，因此适合慢行交通或私人交通的快速发展。

开发强度高的土地则意味着地块的利用密度相对较高，无论是居住或商业性质，在城市高峰出行时段会产生大量的交通需求，引起人口聚集与经济发展，因此更适合发展城市的公共交通系统，增加城市绿色交通比例。

（二）国土空间布局

国土空间是交通需求的源头。国土空间布局从根源上决定了城市的交通需求量、交通设施布局、交通出行结构等交通系统组成成分。国土空间布局包括集中团聚状城市用地、线性带状城市用地、中心城-外围组团城市用地等。

国土空间布局要求城市的交通布局与其相匹配。例如，北京市是典型的集中团聚状城市，空间结构紧凑，城市中心具有极强的影响力与交通吸引力，随着城市距离的增加，影响逐渐减弱。因此，交通布局采用环状与放射状交通布局，或环状与棋盘、放射状交通布局结合。中心环的交通流量较大，交通设施修建完善，交通多采用公共交通进行。

多核心组团状城市布局即一个城市有多个核心，每个核心辐射周边一片区域形成一个稍小的团状空间形态。例如，重庆市是由多个核心的团状城市组成，多个核心之间的交通吸引与发生规模相差不大。在这种情况下，城市交通布局采用星形放射状布局，流量呈现出随机分布，且在区域内分布均匀。改变国土空间布局会引起交通产生与吸引的改变，从而改变交通需求特征布局，影响流量分布，引起交通设施与布局的调整。

（三）人口密度

人口密度是单位土地面积上的人口数量，用来衡量一个区域内人口分布状况。人口密度升高代表着区域的人口聚集程度增加，即该区域采用小规模高密度的开发模式。在高密度区域，更适宜发展以慢行交通与公共交通为主的交通模式，有效减小了小汽车的出行距离。同时，对公共交通的出行距离与出行效率的要求也提高；高人口密度也意味着更高的交通流量，区域所处的道路交通压力增加，更易导致交通拥堵。

相反，人口密度降低时，区域的交通量减少，各个交通小区之间的交通流量也减少，区域附近的交通运行状态有所改善。在这种情况下，更适宜发展棋盘式交通格局。

（四）国土空间混合度

国土空间混合度是指在地块内多种用地性质相互容纳的程度，具体指区域内不同功能用地的相对靠近性，通常用熵指数、不相似指数等衡量。当国土空间混合度较低时，地块以某一种或两种用地类型为主导进行开发，吸引的人口较为单一，社区功能也较为单一。居民的生活和工作可能需要较长的出行距离，区域内部的交通活动相对较少，不利于发展公共交通。在通勤高峰时段，出现大量的交通拥堵，给交通系统设施带来巨大的压力。

相反，当国土空间混合度较高时，地块内的土地类型较为多样化，吸引多种类型的交通出活动。这有利于增强城市活力，促进各相关产业与服务之间的联系。区域内的社区活动功能也变得更加多元化，有利于形成紧凑型的城市，使得居民短距离的交通活动增多，适合发展慢行交通与公共交通，增加绿色交通出行比例，并更有效地利用交通设施。

（五）可达性

可达性是指利用特定的交通方式（如驾车、公共交通等），在国土空间层面，是指从某一地点到达活动地点的便利程度。通常可达性的衡量指标包括出行距离、出行时间、费用等。在交通需求预测中，可达性起着重要的作用，可作为居民出行活动决策的重要影响因素，可达性的高低直接影响着出行活动的发生。

低可达性的地块意味着其交通生成与吸引力较小，高可达性的地块则能够产生更多的交通流量。在非通勤出行活动中，可达性对居民的出行产生起着决定性的影响，这可以解释为出行活动目的地可达性的高低决定活动是否能够实现。高可达性的地块意味着该地块便利程度较高，随着交通需求的增加，交通基础设施也会得到进一步的完善。因此提高可达性不仅能够满足居民的出行需求，还能够促进城市交通系统的发展与提升。

二、交通影响国土空间因素分析

交通系统是城市复杂系统的重要组成部分[81]，包括出行者，交通设施（如道路网络、公共交通线路、公共交通站点等），交通流量，交通出行工具（如机动车、非机动车等），信号灯设置，以及交通管制等。交通系统与国土空间共同作用于城市空间结构的演化，具体主要体现在以下层面：

（一）交通网络布局

交通网络中交通需求与交通流量是国土空间的结果，而国土空间又决定了城市交通量、交通布局与交通出行等[82]。反之，交通系统会会对国土空间产生影响。

交通条件的改善会促使当地居民搬迁至交通便利的道路网络区域，而居民的涌入势必会促进更多的土地开发利用。例如，当采用环状交通布局或放射状交通布局时，中心环位与放射点位代表着极强的交通吸引与产生，产生较大交通流量，这促进了中心区域的土地开发与交通设施修建，使城市逐渐形成团聚状布局。

另外，当采用棋盘式交通布局时，道路与道路之间没有复杂的交叉口，交通量分散，路网容量均衡，车流均匀分布在所有道路上，没有严重拥堵现象产生。在城市土地开发时也表现出没有明显的中心区域，因此形成多核心组团状城市布局。交通网络布局的改变会直接改变城市交通产生与吸引，形成不同特征的人口聚集分布，从而影响国土空间布局。

（二）道路网密度

交通设施开发情况包括城市中交通基础设施的修建数量、容量、区位建设情况等。交通设施开发情况主要会引起交通运行状况的改变，从而影响交通可达性和国土空间的开发强度。

交通设施开发情况改变主要包括交通基础设施的修建数量增多、道路扩容、信号交叉口增多、公共交通线路增设等[83]。其中道路修建增多扩大了城市中的道路网络，提供了更多的路线选择，使得出行车辆与出行者能够更灵活地避开拥堵时段和路段，减少了交通拥堵，增加人口聚集的可能，对土地开发起到积极的促进作用。信号交叉口的增多提高了路段的行驶秩序性，减少了交通拥堵，提高了道路交通运行效率，促进土地开发。公共交通线路增设增扩大了公共交通线路覆盖范围，增加了居民城市绿色出行比例，由于公共交通线路的覆盖，到达各区域的便利程度得到提升，增加了土地的开发价值与概率，促进了土地的建设开发。

道路网密度描述地块道路长度与分布情况，衡量城市道路供给水平，反映最基础的交通设施开发情况。道路网密度越高，地块附近道路越密集，土地价格通常越高，对建筑物售价与租金产生影响。道路网密度会引导国土空间布局，高密度的道路网络通常集中在城市发展的方向，如商业区域。更高密度的道路网络通常会提高土地的利用效率，使道路周边的土地能够更有效用于开发与建设。道路网密度能够促进国土空间更多样化，高密度地区的可访问性更高，对企业和住宅社区的吸引性更强，有助于创建更多样的城市环境。

（三）交通运行指数

交通运行状况主要指在指定时间段或时间点，道路的交通量反映了当前道路的拥堵程度。拥堵状况对道路通行时间的映射影响到出行者的出行决策行为，进而影响人口的聚集情况，从而间接影响土地的开发与建设。

当交通运行状况较差时，显示该区域道路交通量已经达到饱和状态，拥堵情况较为严重。交通运行状况较好时，当前时段的道路行驶通畅，道路基础建设能够满足该区域的交通需求。交通运行状况反映道路的通行时间，通行时间作为可达性计算参数，直接影响可达性结果。交通运行状况较好时，通行时间短，区域可达性较好，增加了该区域在国土空间模型被开发的概率[84]，造成人口聚集的改变，进一步影响城市用地格局的变化。

交通运行指数是反映道路网交通运行状况的指标。较低的交通运作指数代表着道路拥堵情况严重，交通系统效率低下，影响城市中商业、工业、服务业等活动，为改善交通运行指数低的状况，国土空间布局会发生改变，例如拥堵严重地区的商业区、工业区将分散布局，以提高交通效率。相反，较高的交通运行指数代表道路运行良好，车辆行驶通畅，高运行指数的道路会影响周边土地的用地类型，促进建设用地的开发，甚至改变商业中心的位置。因此，交通运行指数的变化直接影响着城市的空间结构和国土空间。

（四）可达性

可达性在国土空间中发挥着重要作用。到达便利程度高的地方属于高可达性地块，这直接影响着国土空间类型与国土空间密度，进而增大了土地开发概率。这些地块通常拥有较为完善的交通设施，提高了地块的价格竞争力，同时也提高了地块内建筑物的售价与租金。

高可达性地块会对影响国土空间结构产生影响，多个高可达性地块会引导城市发展为多中心城市，有助于人口扩散，避免了因单中心城市而导致的人口过度聚集现象。这种多中心的城市布局有利于提高城市的整体韧性和可持续性。

可达性作为居民在选择居住地和工作地时的重要考量因素，高可达性地块对居民的区位选择具有更高的吸引力。这也意味着这些地块更有可能成为城市中的热门生活和商业区域，从而进一步推动了城市的发展和繁荣。

三、国土空间与交通交互协调作用

在国土空间和交通系统中，影响国土空间和交通之间相互关系的构成要素主要有城市机动性、交通的相对可达性和指向性。城市空间结构的变化很大程度上受城市可达性的影响。可达性的含义非常广泛，有时空意义上的可达性，也有社会学、心理学意义上的可达性，在交通领域内主要考虑时空意义上的可达性。交通可达性是指到达一个地方的便捷程度，客观形态的可达性可以用一个地点到另一个地点的出行时间或距离加以衡量；相对可达性指到达一个指定地点的相对便捷程度。城市空间拓展的实例表明，相对可达性较高的地区必然位于城市空间拓展阻力最小的方向。

交通指向概念最早出现在地理学者关于"区位论"的研究中，指在区域发展和城市建设中，发展用地的区位选择受到交通的指向作用。城市形态与交通系统所提供的通达时间有关。某一方向如果配置的主要交通工具速度较快，受交通指向性作用，容易形成用地伸展轴，推动城市用地的不断轴向扩展，城市用地轮廓的大小不超过主要交通方式 45min 的通行距离。各种机动化交通工具组成关系（方式结构）决定了城市的机动性，一般分为两类，即小汽车机动性和公交机动性，代表两种典型交通方式结构。基于小汽车交通模式，变化的时空关系推动了城市范围扩大，郊区由于小汽车可达性的提高而得到了发展；对于公交系统，由于其运营存在规模效应，要求车站周边采取紧凑、高密度的开发方式。城市机动性决定了城市空间轴向发展模式，形成了不同的扩展轴，机动性决定了土地的相对可达性，机动性正是通过相对可达性来影响城市空间演变模式。

以上分析可见，城市用地拓展和开发表现为交通指向性作用的结果，相对可达性决定交通指向性。而相对可达性又取决于城市机动性，其关系如图 5-1 所示。

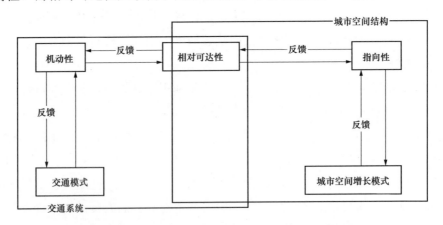

图 5-1 机动性、相对可达性、指向性相互关系示意图

城市内居民的生产生活需要依托于土地，单一类型土地无法满足居民的所有需求，在

城市内也存在若干个功能中心，为了完成日常的生产、生活、教育及娱乐等活动，土地间的交通流就产生了，所以说城市国土空间是交通需求产生的源头。

如图 5-2 所示，城市国土空间强度的增加会诱发交通需求的增加，交通需求的增加会让政府提高交通供给，而交通供给增加又会提高土地的可达性，可达性又会对国土空间的强度、结构等属性产生影响，这也就形成了一个相互影响的闭环。

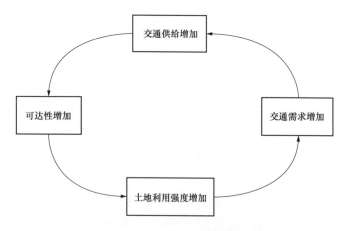

图 5-2　城市国土空间与交通的互动机理

第二节　国土空间与交通一体化双层反馈模型构建

一、国土空间与交通规划模型的交互作用机制

国土空间与交通系统之间是一种相互反馈、相互共生的关系，它们的互馈机制在城市发展中起着重要作用。交通系统中居民的出行活动和路段流量的变化受到国土空间中土地格局与人口聚集的影响，国土空间的改变也会引起交通系统中出行量和流量等交通系统的改变；而交通系统中交通出行活动以及流量的产生会对路段运行状态、通行时间产生改变，导致与时间相关联的可达性产生改变，从而对国土空间中土地类型、土地格局以及人口分布状态等产生决定性改变，即交通系统又会对国土空间产生影响和变化，这构成了一个相互反馈的关系。

基于国土空间与交通系统之间的共生、互馈关系，建立了一个土地交通一体化的基础双层反馈模型，如图 5-3 所示。

城市国土空间与交通的互动关系实质上是一个正向循环反馈关系，土地的开发利用将引起人类活动强度的增强以及交通需求的增加，进而对交通网络容量提出扩容要求。交通基础设施的改善使得交通网络容量大幅增加，出行时间也随之减少。这将改变出行可达的区域，引起交通可达性的变化，进而影响各种生产、生活活动区位的重新选择，并直接表

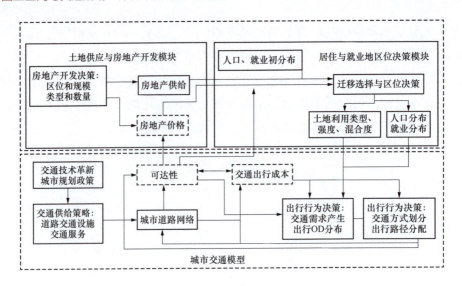

图 5-3 土地与交通一体基础化双层反馈关系图

现在国土空间上,导致土地的价格和空间分布等特性发生变化,从而改变国土空间布局和土地开发强度,国土空间与交通的互动作用进入新一轮循环。然而,城市国土空间与交通的循环反馈并不是无限持续的,主要原因是交通设施的改善受到用地的限制,使得交通网络容量不可能无限增大。同时,受资源和环境的制约,城市能容纳的人口和车辆也会逐渐饱和。当土地开发强度超过一定限度时,所引发的出行需求将导致交通拥堵的出现,已开发区域的交通可达性将下降,从而引起国土空间边际效益随之降低,土地开发将受到抑制。因此,整个循环反馈过程最终将处于一种稳定的平衡状态。

上层国土空间模型主要分为土地供应与房地产开发模块、居住与就业区位决策模块两个模块,其中土地供应与房地产开发模块生成了房地产供给和价格,并结合人口与就业的初始分布情况,进行居民居住与就业的转移、迁移以及区位选择决策,从而产生新的国土空间布局、人口与就业布局等。下层城市交通模型包含交通设施供应以及出行决策,交通设施供应涉及交通基础设施的供应和建设情况,如城市道路网络、公共交通线路等,出行决策则是指出行者包括出行频率、出行目的、出行地点、出行时间的出行链活动决策。

国土空间演化模型产生的土地使用情况直接影响了城市交通决策,例如,人口分布与就业分布以及国土空间特性决定了居民出行的起始点与目的地、出行频率以及出行方式等;每当土地发生新的建设或地块属性发生变化时,都会引起交通活动的改变,包括地块交通量与路段交通量改变,其中地块交通量的改变要求交通系统或交通环境做出相应调整,例如当土地以高密度进行开发时,地块内人口聚集与出行活动量上升,需要相应扩充交通路网或公共交通线网以满足日益增长的交通需求。路段交通量改变导致路段通行时间等交通成本发生改变,同时与出行交通成本相关的可达性等改变,可达性作为国土空间演化模型的重要影响因素,能够对迁移、转移、区位选择、租金/价格模型等产生影响,从而改变了国土空间布局。例如，当路段交通量减少后交通通行时间变短，地块的可达性增加，同时地块价格与房地产价格增加，地块中建筑物开发强度提高，引起人口聚集增多，迁移与区位决策也更偏向选择可达性高的地块。同时，国土空间演化模型的改变又会影响城市交通模型中交通供给与出行决策，这种相互影响形成了国土空间分配与城市交通系统的基本循环反馈。

二、双层反馈模型优化理论

土地利用与交通相互作用（land use-transport interaction，LUTI）内部存在复杂的互动机理，国内外学界尝试从不同角度探讨两者间的互馈机制，这里选取了交通视角、LUTI一体化规划视角和基于 TOD 模式提出的 LUTI 可持续一体化规划模式三种角度介绍。

（一）从交通视角对 LUTI 互馈机制研究

从交通视角对 LUTI 互馈机制的研究以可达性理论和交通供需平衡理论为代表[85-86]。

1. 可达性理论

可达性理论认为，由于交通设施分布的不均衡性，不同区域可达性的差异直接影响着居民的出行决策及开发商的投资决策，进而影响国土空间开发；城市国土空间亦促使交通设施建设来满足因国土空间强度增加而带来的日益膨胀的交通出行需求，具体互馈机制如图 5-4 所示。

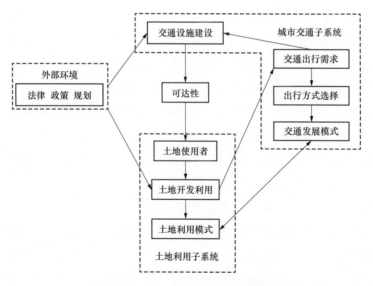

图 5-4　基于可达性的 LUTI 互馈机制

城市交通与国土空间是两个不可分割的经济过程，这种不可分割性体现在两个层次上：第一，土地是交通设施的载体，交通设施本身的建设离不开土地；第二，特定的城市国土空间模式会导致某种相应的交通模式，而交通建设带来的可达性提高和外部性利益又引导着国土空间的方向，体现出二者的高度关联性，特别是城市交通与国土空间在时间上的可分离性，为城市交通促进国土空间并引导城市发展提供了可能。

在图5-4的分析框架中，包含了城市交通对土-地利用的影响以及国土空间对城市交通的影响，并显示了它们之间的互馈关系。这种相互作用关系可以用以下4个步骤来描述：

（1）交通设施建设通过改变可达性和外部土地使用者利益而影响居民和企业的选址行为。

交通设施的建设为人们的出行创造了条件，使得人们能够选择相应的出行路径，改善相应区域的可达性，产生时间节约的经济价值，并带来交通的外部性利益。可达性的改善能够通过以下几个方面影响人们对区位的选择：第一，可达性会影响人们对居住地点的选择，如果某一地区能够很方便地到达工作地点、商店、医院、教育设施和休闲场所等，则它对住宅开发就具有很大的吸引力，人们也愿意到该地区居住；第二，可达性会影响工业选址，工业企业大都喜欢选在高速公路、铁路货运站点等可达性较好的地区，这有利于其原材料和产品的运输；第三，可达性能影响办公地点的选择，对机场、快速轨道站、高速公路等地方具有较好可达性的区位能够吸引办公设施的开发；第四，可达性对零售企业的选址也具有较大的影响，零售企业更愿意选在交通便利、顾客能方便到达的地方，所有这些可达性改善带来的影响，无论是增强了对居民的吸引力，还是增强了对工商企业，办公机构的吸引力，最终都会导致相应区域的快速发展和土地升值。

（2）交通影响居民和企业选址的同时，也影响着国土空间的性质和土地开发强度。

可达性的提高、交通设施外部性的优势对居民、工商企业，办公机构等所产生的吸引力，使得相应区域的土地出现了巨大的市场开发利益，潜在的市场需求使开发商在私人利益的驱使下，选择到可达性较好的区域进行开发（一般是在交通设施周围或交通沿线附近）。然后，居民、工商企业等土地使用者就会在外部性利益的吸引下，选择到可达性较好的地方去居住或经营，同时在交通建设外部性利益的驱使下，开发商有对其附近土地进行过度开发的动机，容易造成可达性较好区域的开发强度过高，特定交通设施的建设，如轨道交通、大容量快速公交系统等又为其附近土地的高强度开发提供了支持，显著影响着相应区域的国土空间性质和土地开发强度。

（3）国土空间影响客流分布和交通方式的选择。

在使用者做出自己的区位选择之后，他们的日常活动空间也就随之确定下来，并形成了一定的交通需求，这对他们的出行具有重要的影响，他们会根据自己所在区位的交通设施状况、自己的出行目的、出行偏好、经济状况等来做出出行决策，选择相应的出行方式。同时，高强度的开发必然造成相应区域居民的增加，集中居住能为公共交通提供充足的客流，适于公共交通方式的发展，这表明国土空间状况对交通方式具有一定的影响作用。

（4）国土空间状况推动城市交通向更高层次发展。

随着社区规模的增大以及国土空间方式的变化，必然会推动交通方式发生变化，不同交通方式相互作用、此消彼长，又会对交通设施提出新的、更高的要求，特别是当国土空间强度或开发总规模达到一定程度，交通需求大大超过现有交通设施的承载能力时，必然会推动城市交通设施向更高的层次发展。显然城市交通与国土空间之间存在着动态的，循环互馈的相互作用关系，然而需要明确的是，在城市交通与国土空间的相互作用关系中，不可能自动实现二者的协调发展，还需要有相应的政策、法律、法规、规划等外部因素来保障，尽管市场环境为城市交通和国土空间的相互作用提供了条件，但它们不同的经济属性和社会属性又会对二者的协调发展产生不同的影响，因此在促进城市交通与国土空间方面，政府的参与必不可少，这已被实践所证明。

2. 交通供需平衡理论

交通供需平衡理论则认为，国土空间与城市交通两者间存在一种以交通空间需求与交通供给相互平衡为纽带的互动反馈关系，国土空间作为城市交通需求产生的根源，而城市交通系统决定了交通供给；随着两者持续发展，交通供需关系会随之发生改变，进而形成一种供需匹配机制，具体如图 5-5 所示。

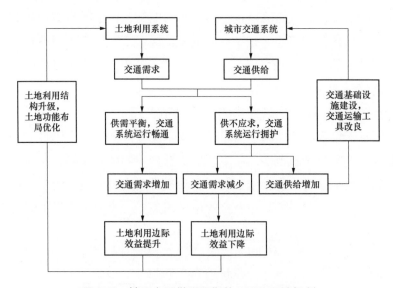

图 5-5　基于交通供需平衡的 LUTI 互馈机制

二者通过一系列的循环反馈过程，将有可能达到一种"互补共生"的稳定平衡状态，交通空间需求与城市国土空间、交通系统之间的关系及互动分析如下所示。

（1）交通空间需求与城市国土空间、交通系统的关系。

首先，国土空间是交通需求产生的根源，决定交通空间需求的结构，进而促使交通网络格局的形成。城市交通空间需求结构反映的是依附于城市内部各功能用地上的交通需求组合和空间结构及其相互影响、作用的关系，因此交通需求的空间结构情况、需求组合情况、需求量的大小都取决于城市国土空间的布局结构。例如单中心模式的城市，市中心交通需求量大，远离市中心的需求量小，交通路网布局通常为"棋盘+环形+放射"；多中心组团型城市的交通需求则分散在各个中心，交通空间需求分布比较均匀，交通网络布局通常朝"棋盘+带形+多环"的方向发展。

其次，交通空间需求直接影响交通系统的运行水平，是城市交通系统运行的基础。不同的交通空间需求状况有不同特点的交通模式与之对应，这是交通在城市活动中的功能所决定的。过于极端的交通空间需求分布必然导致拥挤的交通，反之，拥挤的交通会影响交通需求的产生，引导城市的土地开发利用。

最后，城市交通系统发展引导城市空间格局演化，促进和推动城市土地开发利用。城市空间格局演化的主要影响因素是土地价格和开发使用方式，而某一地区的土地价格和使用方式在很大程度上取决于空间可达性，即交通系统的运行水平。通过大幅度提高交通供给，改善沿线地区交通可达性，带来土地增值效应，引导周围土地高强度利用，从而对沿线地区乃至整个城市国土空间结构与形态布局产生重要影响。

（2）交通空间需求、交通系统与国土空间三者的互动分析。

城市交通系统与国土空间之间通过交通空间需求的作用，存在深刻的互动影响关系，两者相互影响、相互作用。交通系统的运行水平影响交通需求的产生，从而引起国土空间特征的变化，带来城市空间形态、国土空间开发、国土空间价格和用地布局特征的改变；反之，国土空间特征的改变，也将引起交通空间需求的变化，促进交通系统的不断调整，引起交通线网格局、交通密度特征及其交通模式的改变。

（二）基于LUTI一体化规划视角的互馈机制研究

Miller等构建了包含国土空间、交通及开发商模型三个基本构件的LUTI综合规划模型，并将政策分析纳入反馈机制中（具体介绍如图5-6所示）：在静态反馈层面，国土空间决定了城市空间活动分布与交通系统运行；在动态反馈层面，城市活动分布、交通可达性与通过开发商投资建设而形成的城市新空间结构则为下一轮国土空间预测的前提[87]。

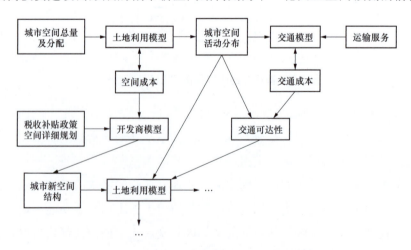

图5-6 LUTI一体化规划模型互馈机制

城市交通与国土空间之间存在密切的互动关系，这种关系对城市规划、交通规划和政策制定具有重要意义。

1. 城市交通系统对城市空间形态的影响

随着交通方式的发展，城市空间形态经历了由步行城市到轨道城市，再到汽车城市的演变过程，这一演变过程反映了城市交通系统在城市空间形态塑造中的重要作用。

2. 城市交通系统对国土空间布局的影响

交通系统的可达性是影响国土空间的关键因素之一。土地可达性的提高使得土地更具吸引力，从而促进了土地的开发和利用。同时，国土空间布局也反过来影响交通系统的运行效率和模式。

3. 城市交通建设对城市土地价格的影响

新交通设施的建设提高了土地的交通可达性，使得土地价格上升。

（三）基于 TOD 模式提出的 LUTI 可持续一体化规划角度研究

有学者基于 TOD 模式提出了 LUTI 可持续一体化规划模式（具体如图 5-7 所示），并从宏观、微观层面梳理了两者的反馈调节机制[88]。

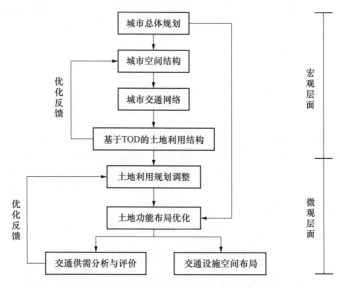

图 5-7 基于 TOD 模式的 LUTI 一体化规划互馈机制

LUTI 可持续一体化规划具体分为 5 个阶段：城市形态、国土空间与交通系统的宏观互动反馈和调整阶段；城市形态、国土空间与交通系统的微观互动反馈和调整阶段；与国土空间相协调的道路网络规划阶段；与国土空间相协调的综合交通系统规划阶段；以及实施规划阶段。其中前两个阶段的主要任务是从交通系统的角度对城市结构和国土空间进行评价、反馈和调整；后两个阶段的主要任务是解决城市综合交通系统对城市结构和国土空间规划的支撑以及对给定的城市结构和国土空间条件下的交通需求的满足问题；最后阶段是规划的实施问题。

第一，首先根据城市结构、国土空间、人口分布等交通系统外部条件，粗略分析交通需求的宏观特性，据此确定主要交通走廊和核心综合交通网络。在此基础上，分析评价城市形态和国土空间规划的优劣，从交通系统承受能力和对城市空间发展战略的支撑程度的角度对城市空间结构和国土空间规划进行宏观的反馈调整，此步骤的核心内容是从交通系统的角度对城市结构的反馈与调整。

第二，根据优化后的城市空间结构方案和国土空间规划大型交通枢纽，初步确定干道交通网络方案。在此基础上进行全面的交通需求特性分析和未来预测，通过调整国土空间的类型和开发强度来进一步优化国土空间规划方案，从而实现通过对国土空间和人口分布进行微观调整的手段，实现交通与国土空间相协调的目的，即此阶段的核心目的是围绕交通与国土空间相协调的目的，即此阶段的核心目的是围绕交通与国土空间的协调问题对国土空间进行细致调整。

第三，在给定城市结构和国土空间规划方案下（即完成国土空间调整后）预测交通需求特性，据此最终确定不同类型的交通枢纽和道路网络。在确定了干线道路网之后，可以根据不同国土空间类型的交通需求分布规划公共交通线路集合，考虑城市环境、资源、地理特征、交通效率等因素，最后得到公共交通系统的规划方案，也同步得到城市综合交通系统的其他规划方案。

第四，完成综合交通系统实施规划和实施效果评价分析工作。

从宏观上，在制定城市发展目标、明确城市发展轴线、合理进行人口和产业布局的同时，应合理地规划与之相适应的大容量公共交通总体布局和枢纽站点。在城市设计和分区规划阶段，须充分考虑到城市交通和国土空间的交互关系，一方面选择邻近高强度、高密度开发的混合地段布设站点；另一方面，在充分考虑到线路走向和站点布设的基础上，对轨道交通沿线的土地进行居住、商贸办公、商业等用地类型的综合规划或调整，均衡沿线各种类型的建设用地规模，合理安排社区的密集空间和开敞空间，即合理安排土地的开发强度。与交通规划相配套的城市设计应在用地布置、步行设施、街道布置、公交站区设计准则方面进行调整和完善，以建立公交友好的社区环境。

微观上，根据地块所在的地理区位，以及地块与车站之间的距离，确定地块的用地性质和开发强度。在车站附近尤其是车站上盖，布置活动性较强的用地类型，如写字楼、商贸大厦等，并提高地块的开发强度，以扩大公共交通的直接服务对象的范围，增强公共交通的吸引力。同时通过政策手段，严格控制远离轨道线网的地块的开发，限制土地开发的容量，以减小交通生成的强度。

三、土地与交通一体化双层反馈模型流程

本文构建的土地与交通一体化双层反馈模型在国土空间与交通系统的基本反馈关系下嵌入一体化评价与优化流程，在国土空间与交通系统的动态反馈中，以一体化评价结果与

基于路网扩张的优化布局作为下一轮国土空间演化的前提，如图 5-8 所示。

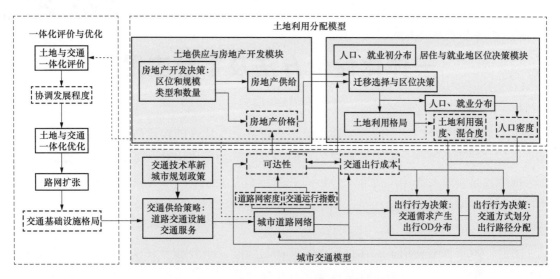

图 5-8　土地与交通一体化双层反馈模型图

在基础循环反馈的基础上，以城市现状土地供给与格局为起点，决定了现状城市空间活动分布与交通系统运行状态，利用嵌入的评价模块对土地与交通一体化发展程度进行评价，以交通系统为切入点，通过路网扩张改善交通基础设施的布局，以此优化布局进行下一轮国土空间演化与交通需求分配，在土地与交通一体化双层反馈模型的基础上实现对城市格局的优化，提升土地交通一体化反馈的动态性，支撑城市规划政策的制定与实施。

第三节　本章小结

本章围绕国土空间与交通互馈理论展开深入研究。系统分析了国土空间影响交通的因素，如土地开发强度、空间格局、人口密度、混合度和可达性等，以及交通影响国土空间的因素，包括交通网络布局、道路网密度、运行指数和可达性等，揭示了二者之间相互作用的内在机制。在此基础上，构建了国土空间与交通一体化双层反馈模型，阐述了其交互作用机制、优化理论和流程，明确了模型在实现国土空间与交通协调发展中的关键作用。通过这一理论和模型的研究，为国土空间规划和交通规划提供了科学指导，有助于打破传统规划中二者脱节的局面，促进国土空间与交通的有机融合，实现城市的可持续发展。

第六章

一体化评价方法及平台应用

本章主要聚焦于国土空间与交通系统协调发展评价体系的构建与一体化平台的应用。国土空间与交通系统作为城市发展中的核心要素，其相互作用对经济增长、环境保护及社会可持续性具有重要影响。为深入分析两者的协调发展程度，本文通过构建基于层次分析法和耦合协调度的多维评价体系，从微观地块和宏观区域两个层次评价国土空间效益与交通发展水平之间的相互作用。

随后，本章详细介绍了一体化平台的架构与功能。平台基于 B/S 架构，为用户提供了数据管理、情景设定、模拟运行和结果可视化等模块支持。通过文件上传、情景创建、模拟管理和评价可视化等流程，用户能够直观、高效地实现土地与交通政策情景的创建与分析，便于多角度评估城市土地与交通系统的协调发展。

第一节 土地与交通协调度评价体系

国土空间与交通系统作为城市发展中的两个关键因素，两者相互作用、相互反馈，二者的协同发展程度将影响城市经济与环境发展的效率与可持续性。高强度大规模的土地开发伴随着交通需求增长，现有交通系统供给能力无法满足交通需求，交通拥堵问题日益凸显[89]。为缓解交通拥堵，评价国土空间与交通系统的协调发展程度，是引导国土空间与交通系统实现协调发展的基础。通过构建体现国土空间与交通系统发展水平与协调程度的评价体系，并结合层次分析法与耦合协调度，可以深入分析国土空间与交通系统的相互作用及其协调程度，为实现国土空间与交通系统的反馈优化、缓解城市问题、保持社会可持续发展提供支持。

一、国土空间效益与交通发展水平评价体系

（一）评价对象

为了更精确地评价国土空间与交通系统的协调发展程度，本文以地块为基本单位，从微观和宏观两个尺度进行评价分析。

（1）微观尺度的评价对象：

1）各地块的国土空间效益与交通发展水平。

2）各地块单元国土空间与交通系统的耦合协调度。

（2）宏观尺度的评价对象：区域国土空间与交通系统的整体协调性。

（二）分层多维评价体系

基于微观尺度与宏观尺度的评价对象，结合定性与定量方法，构建一个分层多维评价体系，用于评价国土空间与交通系统的协调发展程度。该体系分为两个维度：微观尺度下各地块单元的耦合协调度与宏观尺度下区域国土空间与城市交通系统的整体协调性。通过分析不同维度下评价结果之间的关联，构建一个分层多维评价体系。

在微观尺度下，以各地块单元的耦合协调度作为基础评价指标；在宏观尺度下，对各地块单元的耦合协调度进行加权求和，形成加权耦合协调度，并作为宏观评价的一个关键宏观指标。通过综合区域内土地与交通的协调度及其他相关宏观指标，计算得出区域整体协调度。为确保评价体系的科学性和可靠性，使用层次分析法及多种赋权方法进行评估。

在评价体系的构建过程中，首先需计算各地块单元的耦合协调度。针对评价指标的选取和优化，引入耦合协调度与层次分析法，分别从国土空间效益和交通发展水平两个维度进行指标筛选。为了确保评价结果的客观性与准确性，采用主客观赋权法对指标权重进行计算，从而得到国土空间指数与交通效率指数，并进一步计算各地块单元的耦合协调度。

接着，利用熵权法得到加权耦合协调度。最后，构建包含加权耦合协调度的宏观指标体系，并通过专家打分赋权法确定指标权重，计算出最终的区域整体协调度。具体步骤如图 6-1 所示。

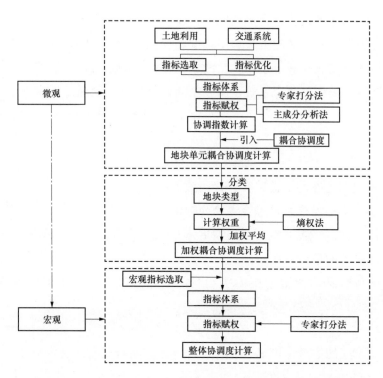

图 6-1　国土空间与交通系统协调性分层多维评价体系图

二、地块耦合协调度评价模型

（一）地块耦合协调度评价模型构建方法

现有用于评价国土空间与交通系统协调关系的模型主要包括序参量法、层次分析法、耦合度模型及数据包络分析法等[90]。

（1）数据包络分析法：能够有效处理多因素复杂情况，且无须设定数据分布参数，同时降低了主观因素对评价结果的影响。但由于对数据依赖性较大，该方法难以处理数据中的随机性。

（2）层次分析法：可以将协调度评价拆分为国土空间和交通系统两部分，尽管能够评价两者的发展水平及其差异，却无法反映两者之间的反馈关系。

（3）耦合度模型：则可以描述系统间的相互作用，但其在反映两系统制约关系方面较弱，且当两系统发展水平均较低时，可能出现耦合度异常偏高的情况。因此，在耦合度的基础上结合其他评价方法。能更有效反映国土空间与交通系统的一体化协调水平。

本文从国土空间效益与交通发展水平两个方面选择评价指标，分析各指标的特征，并选择合适的隶属度函数。结合主成分分析法与专家打分法，提出了主客观赋权方法，对各指标权重进行修正。在此基础上，运用层次分析法，计算微观尺度下的协调指数，并引入耦合协调度概念，构建各地块耦合协调度评价模型。具体步骤见图6-2。

耦合度用于衡量系统之间的耦合作用强度，反映系统之间的相互作用依赖制约程度。国土空间效益系统与交通发展水平系统是两个相互作用的系统，通过耦合度评价可以分析它们之间的协调性。基于这两个系统，国土空间效益系统与交通发展水平系统的耦合度模型可表示为：

$$C = 2 \times \sqrt{\frac{U_1 \times U_2}{(U_1 + U_2) \times (U_1 + U_2)}} \tag{6-1}$$

式中：U_1——地块国土空间效益综合评价函数值；

U_2——地块交通发展水平综合评价函数值；

C——国土空间效益系统与交通发展水平系统的耦合度，值越趋近于 1 时，说明两系统的耦合程度越好。

其中，系统综合评价函数值由系统影响因素贡献程度与权重加权求和得到，计算如下：

$$U_j = \sum p_i' \times Y_i \tag{6-2}$$

式中：U_j——系统 j 的综合评价函数值，包含国土空间与交通系统两部分；

p_i'——系统影响因素 i 的权重；

Y_i——系统影响因素 i 的贡献值。

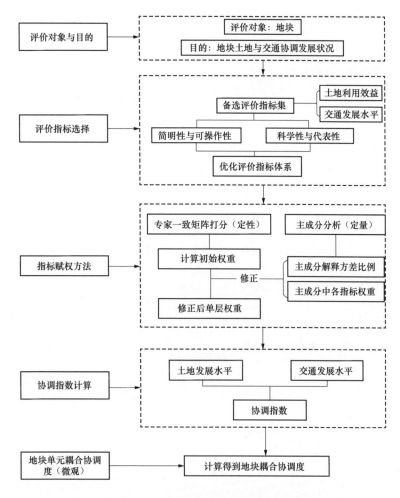

图 6-2　地块耦合协调度评价模型流程图

虽然耦合度能够反映两个系统之间的相互依赖和制约程度，但当两个系统的综合评价函数值相近且均较低时，耦合度可能出现较高的计算结果，这与实际情况并不一致。在这种情况下，尽管耦合度较高，国土空间与交通系统的发展水平却可能都较低，表明系统仍有较大的发展潜力，而非两系统的协调发展程度高。为解决这一问题，引入耦合协调度的概念，用以更准确地反映地块国土空间效益与交通发展水平的协同发展程度。

耦合协调度是在耦合度的基础上引入协调性概念后的新指标，不仅考虑两系统的发展水平高低，还进一步量化了两者之间的联系紧密程度及其协调性。它能够更全面地反映国土空间与交通系统在发展过程中的相互作用和协调发展程度。

耦合协调度计算方式如下：

$$D = \sqrt{C \times T} \tag{6-3}$$

$$T = \alpha \times U_1 + \beta \times U_2 \tag{6-4}$$

式中：D——各地块的耦合协调度；

   C——耦合协调度；

   T——国土空间与交通系统之间的综合协调指数，反映两系统的整体协同效应，通常表示为两个系统（国土空间与交通发展）的加权平均值；

α 和 β ——待定系数，分别反映国土空间与交通系统对协同效应的贡献度，根据其他研究及专家建议，将特定参数均取值 0.5。

  参考已有研究，耦合协调度可以根据具体数值划分为不同的协同程度等级。结合国土空间与交通系统的综合评价函数值，可以进一步判断两系统之间的优劣关系，具体协同等级划分如表 6-1 所示。

表 6-1   耦合协调度评定等级表

耦合情况	耦合协调度	耦合发展情况	U_1 与 U_2 对比	基本类型
协调类	0.8～1	良好协调	$U_1>U_2$	良好协调交通滞后类
			$U_1<U_2$	良好协调土地滞后类
			$U_1=U_2$	良好协调发展同步类
	0.6～0.8	中度协调	$U_1>U_2$	中度协调交通滞后类
			$U_1<U_2$	中度协调土地滞后类
			$U_1=U_2$	中度协调发展同步类
	0.4～0.6	基本协调	$U_1>U_2$	基本协调交通滞后类
			$U_1<U_2$	基本协调土地滞后类
			$U_1=U_2$	基本协调发展同步类
失调类	0.2～0.4	中度失调	$U_1>U_2$	中度失调交通滞后类
			$U_1<U_2$	中度失调土地滞后类
			$U_1=U_2$	中度失调发展同步类
	0～0.2	极度失调	$U_1>U_2$	极度失调交通滞后类
			$U_1<U_2$	极度失调土地滞后类
			$U_1=U_2$	极度失调发展同步类

（二）评价指标体系的确定

  构建国土空间与交通系统耦合协调度指标体系是计算系统协调程度的关键。评价指标体系的构建过程分为初选和优化两个阶段。

  1. 指标体系初选

  在选取指标时，要充分考虑城市特征以及发展情况，结合层次分析法，按照目标层、准则层与指标层形成指标体系。初选指标应全面涵盖国土空间效益与交通发展水平两个方面。初选指标如表 6-2 所示。

表 6-2   指 标 初 选 表

目标层	准则层	指标层	指标尺度	单位
土地与交通协调度	国土空间效益	人口密度	地块	人/km²
		容积率	地块	—
		混合度	全局	—
		平衡度	全局	—
		人均住宅面积	地块	m²/人
		建成区面积	地块	m²
		设施覆盖率	地块	%
		人均公园绿地面积	全局	m²/人
		平均房价	地块	元/m²
		绿地率	地块	%
		设施可达性	地块	—
		功能复合强度	地块	—
		人均建成区面积	全局	m²/人
		职住比	地块	%
	交通发展水平	公共交通覆盖率	地块	%
		交通运行指数	地块	%
		人均出行距离	全局	km/人
		道路网覆盖率	地块	km/km²
		人均出行距离	全局	km/人
		道路网覆盖率	地块	km/km²
		公共交通里程数	全局	km
		绿色交通出行比例	全局	%
		平均行程速度	地块	km/h
		人均城市道路面积	全局	km²/人
		道路节点数	地块	个

2. 指标体系优化

初选的指标体系可能存在一些问题，如指标数量过多、部分指标间的相关性过高、某些指标不易量化以及尺度不统一等。在计算指标贡献值与地块单元的耦合协调度时，需要对初选指标体系进行优化处理。根据量化能力、同质性和重要性与必要性对指标进行二次筛选。优化后的指标体系如表 6-3 所示。

表6-3   指 标 优 化 表

目标层	准则层	指标层	评价目的	单位
土地与交通协调度	国土空间效益	容积率	土地集约利用	—
		平均房价	土地价值	元/m²
		绿地率	环境保护	%
		综合设施可达性	可达性	—
		功能强度	社会功能水平	—
		职住比	职住平衡	%
	交通发展水平	公共交通覆盖率	公共交通服务水平	%
		交通运行指数	交通运行状态	%
		道路网覆盖率	道路网服务水平	km/km²
		地块道路节点数	出行方式多样性	个

针对上述构建的评价指标体系，本文对各个指标的具体解释与计算方法如下：

（1）容积率：指地块范围内，地面以上各类建筑的建筑面积总和与基地面积的比值，反映国土空间强度与集约化程度。计算公式如下：

$$FAR_i = \frac{\sum_b S_b \times L_b}{S_i} \tag{6-5}$$

式中： FAR_i——地块 i 的容积率；

      S_b——地块上 i 建筑物 b 的底面积；

      L_b——建筑物 b 的层数；

      S_i——地块 i 的土地总面积。

（2）平均房价：指地块内各类住房的价格平均值，衡量房地产供需关系与经济发展水平，直接影响着居民的居住成本与财产价值，与土地价值之间存在着密切的关系。计算公式如下：

$$R_i = \frac{\sum_{b \in res} P_b}{N_{res}} \tag{6-6}$$

式中： R_i——地块 i 的平均房价；

      R_b——建筑物 b 的住宅价格；

      N_{res}——地块内住宅建筑物数量。

（3）绿地率：指地块交叉栅格绿地面积与土地面积的比例平均值。将地块划分为100×100m 的栅格，以栅格中心为原点，参考《城市绿地规划标准》中社区公园的服务半径，以 1000m 作为绿地服务半径，计算栅格的绿地率，即栅格半径 1000m 范围内绿地面积与半径 1000m 的圆面积之比；计算地块与栅格交叉地块的绿地率平均值即为地块绿地率。

反映了地块绿地覆盖的程度与空间分布，衡量城市生态环境质量和可持续发展水平。计算公式如下：

$$GR_i = \frac{\sum_n GR_{\text{grid}}^n}{n} = \frac{\sum_n \dfrac{S_g^n}{S_{1000}}}{n} \tag{6-7}$$

式中：GR_i——地块 i 的绿地率；

GR_{grid}^n——与地块 i 交叉栅格 n 的绿地率；

S_g^n——栅格 n 服务范围内的绿地面积；

S_{1000}——服务半径为 1000m 的圆形区域的面积，3.14km^2；

n——与地块交叉的栅格数量。

（4）综合设施可达性：指个体在给定地块内到达服务设施（如学校、医院、公司、商店）的便利程度。衡量城市国土空间与交通系统之间交互关系，反映了国土空间与交通系统之间的连接性，可达性通过影响出行时间、距离和费用等，来影响交通系统需求，又作为影响因素影响城市国土空间中的区位选择、房地产开发以及地价模型。计算公式如下：

$$A_i = \sum_{j=1}^n \frac{t_{ij}^{-\beta}}{\sum_{k=1}^m P_k t_{kj}^{-\beta}} \tag{6-8}$$

式中：A_i——地块 i 的综合设施可达性；

$t_{ij}^{-\beta}$——地块 i 到设施点 j 的通行时间；

P_k——区域 k 的人数；

t_{kj}——区域 k 到设施点之间的通行时间；

β——交通摩擦系数，取值为 1；

n——服务设施数量；

m——研究区域地块数量。

（5）功能强度：在地块内实现吸引功能的程度或效益。地块的建筑面积比乘以当前地块类型的出行吸引率。用于评估国土空间的综合效益，反映地块上实现的建筑容量与土地吸引力之间的关系，反映当前地块的国土空间效率。计算公式如下：

$$SOF_i = \frac{\sum_{b \in i} S_b \times L_b}{S_i} \times TR_i \tag{6-9}$$

式中：SOF_i——地块 i 的功能强度；

S_b——地块上建筑物 b 的底面积；

L_b——建筑物 b 的层数；

S_i——地块 i 的土地总面积；

TR_i——地块 i 的出行吸引率值。

（6）职住比：即"就业-居住比"，地块内就业人口数量与居住人口数量的比值。反映了地块内职住平衡的协调状况，体现城市用地的集约化程度，同时反映出交通通勤时间与距离。

（7）道路网覆盖率：由于地块根据主要道路以及类型进行划分，在地块中少有道路经过，因此将传统计算道路网密度方法进行改进；将区域划分为100×100m的栅格，以栅格中心为原点，参考《城市道路交通规划设计规范》中机动车道间隔距离，600m作为道路的服务半径，计算半径600m服务范围内道路长度与半径600m圆面积之比作为栅格的道路网密度；计算交叉栅格地块的平均道路网密度，即地块的道路网覆盖率。衡量地块附近道路网发展规模与水平，反映道路系统对于地块的覆盖程度，促进土地的利用效率。计算公式如下：

$$NR_i = \frac{\sum NR_{\mathrm{grid}}^n}{n} = \frac{\sum \frac{LN^n}{S_{600}}}{n} \qquad (6\text{-}10)$$

式中：NR_i——地块 i 的道路网覆盖率；

NR_{grid}^n——与地块 i 交叉的栅格 n 的平均道路网密度；

LN^n——栅格 n 服务范围内路网的总长度；

S_{600}——$S_{600} = 1.13\mathrm{km}^2$。

（8）公共交通覆盖率：指地块相交方格土地影响范围内公共交通线路（公交线路、轨道交通线路）的密度，与道路网覆盖率计算方法类似，参考《城市道路交通规划设计规范》中公共汽车市区线站距，以800m作为公共交通服务半径。反映了在地块影响范围内公共交通系统的服务能力，是评估城市公共交通系统效能和发展的重要指标之一，对于改善出行便利性、减少交通拥堵、促进可持续发展和提高居民生活质量有积极影响。计算公式如下：

$$PR_i = \frac{\sum PR_{i\mathrm{grid}}^n}{n} = \frac{\sum \frac{LP^n}{S_{800}}}{n} \qquad (6\text{-}11)$$

式中：PR_i——地块 i 的公共交通覆盖率；

$PR_{i\mathrm{grid}}^n$——与地块 i 交叉的栅格 n 的平均公共交通线网密度；

LP^n——栅格 n 服务范围内公共交通线网的总长度；

S_{800}——$S_{800} = 2.01\mathrm{km}^2$。

（9）交通运行指数：是城市道路网交通拥堵状况的评价指标，是指在一天的统计时段内，地块附近道路网在总体上的拥堵程度。交通运行指数是反映道路交通情况的一个重要指标，能够对道路交通运行状况进行定量化评估，从而对地块的交通运行情况有直观的了解。

研究以《城市道路交通运行评价指标体系》为参考，以车公里数为权重对各等级道路的拥堵里程比例进行加权，得到拥堵里程比例，按照一定的转换关系计算得到交通运行指数。计算公式如下：

$$TI_i = \sum_{t=1}^{n} VKT_t^i \times TJL_t^i \qquad (6-12)$$

$$VKT_t^i = \frac{\sum_{t=1}^{N_t} VKT_{S_i}}{\sum VKT_{S_i}} = \frac{\sum_{t=1}^{N_t} V_{S_i} \times L_{S_i}}{\sum VKT_{S_i}} \qquad (6-13)$$

式中：TI_i——地块 i 的交通运行指数；

TJL_t^i——地块 i 服务范围内 t 等级道路的拥堵里程比例；

VKT_t^i——t 等级道路的车公里数占道路网车公里数的百分比；

VKT_{S_i}——路段 S_i 的车千米数；

V_{S_i}——通过路段 S_i 的流量；

L_{S_i}——路段 S_i 的长度。

（10）地块道路节点数：指地块附近的主要道路节点数量。道路网节点是指道路网络中连接不同道路的交叉口或交会点，如十字路口、T 型路口等。与道路网密度计算类似，将 300m 作为道路节点服务半径，计算栅格 300m 半径内的道路节点数，以地块交叉的栅格道路节点数平均值作为地块的道路节点数。衡量地块周围道路网络的复杂程度与连接性，反映地块所处的道路网络的密集程度与交通流动性，影响居民和出行者在地块周围的交通可达性与出行便利性。计算公式如下：

$$NC_i = \frac{\sum NC_{\text{grid}}^n}{n} \qquad (6-14)$$

式中：NC_i——地块 i 的地块道路节点数；

NC_{grid}^n——与地块 i 交叉的栅格 n 的道路节点数。

（三）指标的贡献度计算

在计算国土空间与交通系统的耦合协调度时，需要对各项指标进行无量纲化处理，以消除不同量纲对评价结果的影响。常见的无量纲化方法包括极值法[91]、突变级数法[92]、线性比例法[93]和 Z-score 标准化法[94]，这些方法确保不同指标在同一尺度上进行比较。本文将指标转化为 0～1 的隶属度值，以更直观地反映每个指标的重要性和相对影响力。

隶属度函数是模糊集理论中的重要概念，用于描述元素与模糊集之间的隶属关系程度。通过将指标处理为 0～1 的隶属度值，0 表示该指标对评价系统的贡献为零，1 表示贡献最大。常见的隶属度函数包括高斯、三角和梯形隶属度函数等，本文将根据指标的数据分布、取值范围和特征表达选择相应的隶属度函数进行贡献值计算，如表6-4 所示。

表 6-4   隶 属 度 函 数 表

指标	隶属度函数	函数形式	参数设定
容积率	三角函数（分类型）	$A(y)=\begin{cases}0,y>c,y\leqslant a\\[4pt]\dfrac{y-a}{b-a},a<y\leqslant b\\[4pt]\dfrac{c-y}{c-b},b\leqslant y<c\end{cases}$	居住用地（a: 0; b: 3.6; c: 6.5）；绿地用地参数均取 0；其他（a: 0; b: 2; c: 4.2）
职住比			a: 0; b: 0.5; c: 1.2
平均房价	正态函数	$A(y)=\exp\left[-0.5\times\left(\dfrac{y-a}{\sigma}\right)^2\right]$	a 取某市平均房价 16765 元
绿地率	线形函数	$A(y)=1-\dfrac{m-y}{m-a}$	a: 0.01; m: 0.50
综合设施可达性			a: 0; m: 2.50
功能强度			a: 0.6; m: 314.1
地块道路节点数			a: 0; m: 15
道路网覆盖率	Sigmoid 函数	$A(y)=\dfrac{1}{1+\exp\left(-\dfrac{y-a}{b-a}\right)}$	a: 0; b: 7
公共交通覆盖率			a: 0; b: 5
交通运行指数	倒数函数	$A(y)=\begin{cases}0,\ y\geqslant10\\1-0.1y,\ 0\leqslant y<10\end{cases}$	——

（1）容积率：由于容积率有不同类型用地的限制，采用分类型的三角隶属度函数计算贡献值，适合于容积率的隶属度，且大部分值集中在峰值附近。

（2）平均房价：房价通常呈正态分布，正态函数对称且在均值处达到最大，适合描述房价的分布特征，其尾部平缓，有效降低离群值的影响，因此选择正态函数作为平均房价的隶属度函数。

（3）绿地率：采用线性函数表示绿地率的隶属度，随着绿地率增加，隶属度逐渐增大，表明更高的绿地率对国土空间的贡献更大。

（4）综合设施可达性：高斯隶属度函数通常用于描述从某一中心点向两侧呈对称分布的情况，因此使用高斯隶属度函数能更好体现位置对于可达性的影响。

（5）功能强度：线性增大的隶属度函数反映土地属性与功能强度的正比关系，使计算结果更符合直观认知。

（6）职住比：职住比采用三角函数，超过标准值后，随着职住比增加，隶属度逐渐减小，合理的职住比应保持在适当范围内。

（7）公共交通覆盖率：使用 S 型函数（如 sigmoid 函数）描述公共交通覆盖率的非线性变化，适合表现饱和效应。

（8）道路网覆盖率：类似于公共交通覆盖率，使用 S 型函数计算道路网覆盖率的隶属度。

（9）地块道路节点数：线性增大函数可表示地块道路节点数对交通系统效率的贡献，节点数越多，隶属度越大。

（10）交通运行指数：交通运行指数反映了交通系统的通畅程度，数值越低表示交通越畅通。为此使用倒数函数来描述其隶属度，可以有效地反映这一反向关系：交通运行指数越低，隶属度越高，表明交通系统的通畅程度越大。

（四）指标赋权方法

国土空间与交通系统的指标经过标准化处理后，需要进行赋权操作。指标权重代表其对评价系统的贡献度，决定了各指标在系统中的重要性。赋权方法通常分为主观赋权法与客观赋权法。

主观赋权法包括层次分析法（AHP）、德尔菲法等。这些方法通过专家填写调查问卷，利用判断矩阵元素的标度方法进行两两比较，从而计算出各准则层的权重。然而主观赋权法较依赖于专家的判断，可能因参与专家人数少、素质参差不齐而无法准确反映指标的重要性。

客观赋权法如熵权法、主成分分析法和变异系数法等，则基于样本数据的内在联系计算权重，不受主观因素的影响。然而这些方法对数据的依赖性较强，尤其是对异常值较为敏感，单个异常值可能导致权重偏差较大。

近年来，许多研究将主观与客观赋权法相结合。例如，基于五标度法的 AHP-熵权法[95]，通过熵权法获取评价专家的意见[96]，结合专家自身权重进行加权融合；双重熵值修正的指标赋权法则结合专家评分结果，利用熵值进行两次修正[97]；改进方差最大化的主客观组合赋权方法则综合考虑指标的离散程度和冲突性，确定组合权重[98]。这些方法兼顾了主观判断与客观规律，为国土空间与交通系统的协调性研究提供了科学合理的评价赋权方法。

因此，本文提出一种结合层次分析法与主成分分析法的主客观赋权方法。以层次分析法计算得到的专家评分结果为基础，引入主成分分析对权重进行修正。该方法综合考虑主观判断与客观数据，避免了仅考虑主观或客观权重的局限性，从而提升赋权过程的可信度与可接受度，同时引入客观数据以减少主观判断的影响，使赋权结果更加客观。具体计算步骤如下：

1. 主观权重的计算

以发放调查问卷的形式，邀请多位专家对同一准则层的指标进行两两比较，采取"1-9标度法"打分得到判断矩阵[99]，如表 6-5 所示，判断矩阵标度方法如表 6-6 所示。

表 6-5　　　　　　　　　　　　　一致性判断矩阵示例

评价指标	因素 1	因素 2	……	因素 n
因素 1	α_{11}	α_{12}	……	α_{1n}
因素 2	α_{21}	α_{22}	……	α_{2n}
……	……	……	……	……
因素 n	α_{n1}	α_{n2}	……	α_{nn}

表 6-6   判断矩阵元素标度方法

标度	含义
1	表示两个因素相比，一样重要
3	表示两个因素相比，一个因素比另一个稍微重要
5	表示两个因素相比，一个因素比另一个明显重要
7	表示两个因素相比，一个因素比另一个强烈重要
9	表示两个因素相比，一个因素比另一个极端重要
2，4，6，8	上述相邻判断的中值
倒数	α_{ij} 为因素 i 与因素 j 的比较，则因素 j 与因素 i 的比较 $\alpha_{ji} = 1 / \alpha_{ij}$

计算判断矩阵的最大特征值及其对应的特征向量，对特征向量进行归一化处理，以得到权向量。当一致性比率小于 0.1 时，则认为判断矩阵的不一致程度在容许范围内，此时权向量即为专家评分的权重。

考虑专家个体之间的差异，通过加权求和的方式，得到指标的最终主观权重值，计算公式如下：

$$P_n = \sum_m P_{nm} \times \rho_m \tag{6-15}$$

式中：P_n——指标 n 的最终主观权重值；

P_{nm}——第 m 名参评专家的指标 n 的权重；

ρ_m——第 m 名参评专家在加权计算中的权重。

2. 客观权重计算

通过线性变换将原始数据映射到新的坐标系中，使得映射后的数据在新坐标系下具有最大的方差，选择方差最大的部分主成分，实现数据的降维。

基于原始数据构造协方差矩阵，对协方差矩阵进行特征值分解，得到特征值和对应的特征向量，特征值表示在新坐标系下每个主成分解释方差大小，计算每个主成分的方差解释率，对特征值进行排序，取累积方差解释率超过 85% 的特征值所对应的主成分作为降维后的数据。

3. 组合修正权重的计算

基于主观权重值，将每种主成分中各因素所占权重与主成分方差解释率相乘，作为权重修正率，计算最终权重，既保留了权重中主观判断的经验值，也考虑了各指标数据的规律性。计算公式如下：

$$P_n' = P_n \left[1 + \sum_{k=1}^{n'} (\eta_{n'} \times d_{nn'}) \right] \tag{6-16}$$

式中：P_n'——指标 n 的最终权重值；

$\eta_{n'}$——主成分 n' 的方差解释率；

$d_{nn'}$——主成分 n' 中指标 n 的权重。

三、整体协调度评价模型

（一）整体协调度评价模型构建方法

宏观评价模型可以提供更全面、系统的视角，促使对研究区域国土空间与交通系统发展的整体影响进行深入理解。通过宏观模型，可以整体识别区域发展的趋势，优化资源配置，推动国土空间与交通系统的协调发展。

基于微观尺度的地块耦合协调度指标，结合其他宏观指标，建立宏观评价体系，以评估国土空间与交通系统在宏观层面的整体协调度。针对指标的重要性，多位专家进行评估，利用判断矩阵计算各项指标的权重。最终，考虑多个决策者的加权意见，综合各项指标的权重，计算整体协调度，具体步骤见图 6-3。计算公式如下：

$$E = \sum w_i \times x_i \tag{6-17}$$

式中：E——整体协调度；

　　w_i——指影响因素 i 在整体协调度中的权重；

　　x_i——影响因素 i 的贡献计算值。

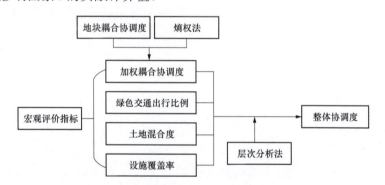

图 6-3　整体协调度评价模型流程图

参考其他研究[100]，结合专家意见将整体协调性划分协调等级，如表 6-7 所示。

表 6-7　　　　　　　　　　整 体 协 调 性 等 级 表

协调情况	整体协调性	协调发展类型
协调类	0.8～1	国土空间与交通系统良好协调
	0.6～0.8	国土空间与交通系统中度协调
	0.4～0.6	国土空间与交通系统基本协调
失调类	0.2～0.4	国土空间与交通系统中度失调
	0～0.2	国土空间与交通系统极度失调

（二）评价指标体系的构建

结合区域协调度，在遵循评价指标选取原则的基础上，从国土空间效益与交通系统效率两方面构建宏观尺度的指标体系。如表 6-8 所示。

表 6-8   整体协调性评价指标表

目标层	准则层	指标层	评价目的
整体协调度	土地交通耦合	加权耦合协调度	土地交通耦合协调
	国土空间效益	国土空间混合度	土地多样性
		设施覆盖率	基础设施服务水平
	交通发展效率	绿色交通出行比例	交通可持续发展性
		对外交通服务水平	交通运输效率

针对上述构建的评价指标体系，本文对各个指标的解释与计算方法如下，各指标贡献值同样结合隶属度函数计算。

1. 加权耦合协调度

研究区域内各个地块单元的耦合协调度加权平均值，是从微观层面通过加权计算求和的指标。

以微观尺度下计算的地块耦合协调度为基础，通过分析不同地块类型间的相互影响，结合熵权法分地块类型计算权重。在计算耦合协调度时，地块的区位等属性已被考虑，因此在加权过程中无须再次引入其他影响因素。最终，将加权后的地块耦合协调度求和，得到加权耦合协调度，计算公式如下：

$$D = \sum_{1}^{m} \left(\sum_{1}^{k} D_{mk} \times \frac{\omega_m}{k} \right) \tag{6-18}$$

式中：D——加权耦合协调度；

D_{mk}——第 m 类土地中地块 k 的耦合协调度；

ω_m——第 m 类土地的权重。

熵权法基于熵值进行计算，"熵"是事件所包含信息量的期望，是指标离散程度的度量[101]。在计算区域国土空间与交通系统协调度时选择熵权法进行指标赋权，通过不同土地类型耦合协调度之间的离散程度进行客观赋权，计算得到加权耦合协调度，使评价结果更加准确。具体步骤如下：

（1）计算熵值：计算不同土地类型的地块耦合协调度熵值。将地块耦合协调度根据土地类型分为多个子表，分别对子表中地块耦合协调度计算熵值，熵值越小表示指标越分散，熵值越大表示指标越集中，计算公式如下：

$$e_m = -\frac{1}{\ln k} \sum_{1}^{k} D_{mk} \ln(D_{mk}) \tag{6-19}$$

式中：D_{mk}——第 m 类土地中地块 k 的耦合协调度；

e_m——第 m 类土地的熵值。

（2）计算差异性系数：熵值越小的土地类型具有越高的权重，需要先计算差异性系数。计算公式如下：

$$g_m = 1 - e_m \tag{6-20}$$

式中：g_m——第 m 类土地的差异性系数。

（3）计算权重：将差异性系数归一化即各种土地类型的权重。计算公式如下：

$$\omega_m = \frac{g_m}{\sum_1^m g_m} \tag{6-21}$$

2. 国土空间混合度

是衡量区域内不同用途的土地类型相互混合程度的指标，用于评估国土空间的多样性和混合程度。

当国土空间混合程度较高时，不同类型的土地用途之间更为交错和接近，这种混合的国土空间结构有助于城市的紧凑发展和功能多样化。这种混合结构可以缩短居民在城市中的出行距离，提供更多的便利设施和服务，并增加居民在短时间内完成多种出行活动的便利性。计算公式如下：

$$H = 1 - \frac{\sum_{i=1}^n \left(\frac{SA_i}{SA} \right)^2}{n} \tag{6-22}$$

式中：H——国土空间混合度；

　　　　SA_i——第 i 类土地的面积；

　　　　SA——区域面积。

3. 设施覆盖率

指特定设施（医院、学校、停车设施等）在区域内的分布程度。是设施服务范围的总面积与区域总面积的比值。设施覆盖率用于评估特定设施的供给水平和服务范围，反映出区域内设施布局的均衡性和完善程度。较高的设施覆盖率有助于提升城市的综合竞争力和吸引力。

由于 2021 年全国城市社区综合服务设施覆盖率达到 100%，即设施覆盖率的阈值为 1，无须计算隶属度值。

4. 绿色交通出行比例

指以公共交通和慢行交通（例如步行、自行车等）为主的交通方式在整体交通出行中所占比例。混合的国土空间结构、TOD 的开发，将大幅增加绿色交通出行比例，从环境保护的角度阐述了城市国土空间与交通系统之间的协调程度。计算公式如下：

$$GCR = \frac{N_p + N_w}{N} \tag{6-23}$$

式中：GCR——绿色交通出行比例；

　　　　N——区域出行总人次；

　　　　N_p——区域内选择公共交通出行人次；

　　　　N_w——区域内选择慢行交通出行人次。

绿色交通出行比例可以通过阶梯隶属度函数计算隶属度值，该函数在阈值之前呈线性增长，当达到阈值后隶属度值达到最大值 1。

5. 对外交通服务水平

指区域与外部主要出入口连接的主要通道，其通达性能够衡量一个地区的道路运输效率和便利程度，对区域的交通运输具有重要意义。

为确保良好的连接性，对传统的对外出入口服务水平计算方法进行改进。改进方法选取地块与外部连接处路段，对路段通行能力进行计算，通行能力确定采用《城市道路设计规范》的方法，将其归一化处理作为各路段的权重。最终，对各路段饱和度进行加权求和以此计算对外交通服务水平。计算公式如下：

$$LES = \frac{\sum\left(\frac{CA_{S_i}}{CA}\right) \times \left(\frac{V_{S_i}}{CA_{S_i}}\right)}{n} \tag{6-24}$$

式中：LES ——区域对外交通服务水平；

$\quad CA$ ——区域道路平均通行能力；

$\quad CA_{S_i}$ ——路段 S_i 的通行能力；

$\quad n$ ——选择对外出入口的个数。

参考我国依据饱和度将道路的服务水平分级的标准，对外交通服务水平的隶属度计算如表 6-9 所示。

表 6-9 整体协调性评价指标表

对外交通服务水平区间	隶属度（函数）	说明
[0, 0.6]	1	属于一级服务水平，道路交通顺畅
[0.6, 0.8]	$A(y) = 1 - \dfrac{m - y}{m - a}$	a: 1; m: 0.6
[0.8, 1]		
[1, ~]	0	道路交通严重拥堵，服务水平极差

第二节 国土空间与交通一体化平台功能

下文从硬件配置需求及准备情况、软件部署、主要模块应用等方面详细介绍一体化平台的主要功能。

一、系统架构设计

（一）总体架构

关于大多数国土空间与交通一体化（LUTI）模型的开发信息相对较少。已发表的论文中，一些学者使用统一建模语言（UML）图对实体和关系进行了建模。参考国内外有关国土空间与交通一体化平台与地理信息系统的相关科研，采用 B/S 架构搭建系统。B/S 架构，全称为浏览器/服务器 38 架构（Browser/Server architecture），是一种网络架构模式。

在这种模式中，软件应用分为两部分：浏览器（客户端）和服务器。用户通过网络浏览器作为客户端访问服务器上的应用程序。具体的系统架构如图 6-4 所示。

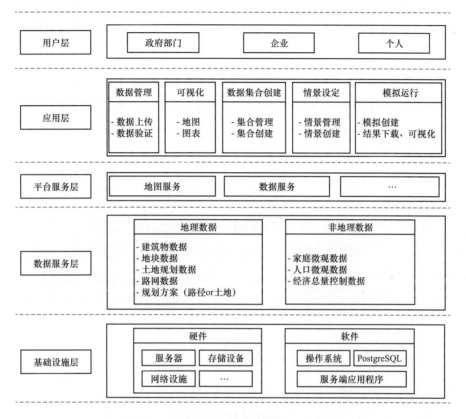

图 6-4　系统架构图

（1）基础设施层，位于整个系统的最底层，硬件方面包括存储设备、网络设备和服务器等。软件方面则包括操作系统、数据库软件和服务端应用程序。

（2）数据服务层，为应用层提供数据，数据包括地理数据和非地理数据。

（3）平台服务层，提供 OGC 服务，如 WMS、WFS 服务，支持地图的加载与图层要素的获取，以及空间查询等其他服务。

（4）应用层，为国土空间与交通一体化平台所实现的功能，包括数据上传、数据可视化、数据集合创建、规划情景设定和模拟运行等功能模块。

（5）用户层，包括政府部门、企业和个人等，可通过浏览器访问平台系统进行操作。

（二）硬件配置需求和软件部署

1. 硬件配置需求

为确保平台的稳定运行，系统硬件配置需求如下：

（1）服务器：推荐配置至少为双核 4GHz 处理器、16GB 内存、500GB 存储空间，适用于数据存储和高频查询处理。

（2）存储设备：需配备足够的磁盘空间以满足大规模地理数据和模型结果的存储需求，建议使用 SSD 以提升读写速度。

（3）网络设备：需支持高速网络连接，确保用户通过客户端进行实时数据交互和地图加载的流畅性。

2. 软件部署

（1）操作系统：推荐使用 Linux（如 Ubuntu 或 CentOS）以提供稳定、高效的服务器环境。

（2）数据库：部署 PostgreSQL 数据库，并结合 PostGIS 扩展以支持地理数据的存储和空间查询操作。

（3）Web 服务器：采用 Nginx 或 Apache 作为 Web 服务器，用于处理前端请求并与后端数据进行交互。

（4）后端框架：配置 Flask 作为后端框架，负责业务逻辑、数据库交互和 API 服务。

（5）前端框架：安装 Vue.js 作为前端框架，构建用户界面，支持动态交互和数据展示。

（6）GIS 服务：集成 OpenLayers 实现 WebGIS 功能，支持地图加载、导航、图层操作及空间查询。

（7）后端其他依赖库：安装 Python 相关库（如 Numpy、Scipy、SQLAlchemy、Axios）以支持数据处理、科学计算和 HTTP 请求等功能。

二、一体化平台应用流程及主要模块简介

（一）一体化平台应用流程

图 6-5 描绘了用户的在平台上的操作流程图，包括数据上传、数据集合创建与验证、开发项目创建、情景创建和管理、土地模拟运行、交通模拟运行、评价和可视化步骤。其中如果数据验证不符合预期，则需回到数据上传阶段。图 6-6 则展示了一体化平台各模块之间的数据流向。图 6-7 主要展示了每个子模块对应的数据文档、参数和后端模型。

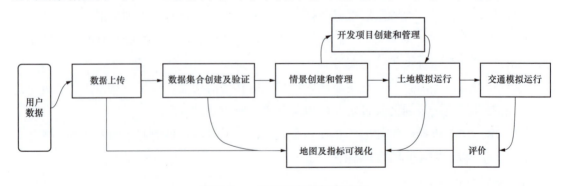

图 6-5　一体化平台任务流程图

（二）主要模块简介

基于工作流程和系统实际需求，设计了一体化平台功能结构图，如图 6-8 所示，包括

数据管理模块、情景设定与模拟模块，以及用户交互与可视化模块，具体介绍如下：

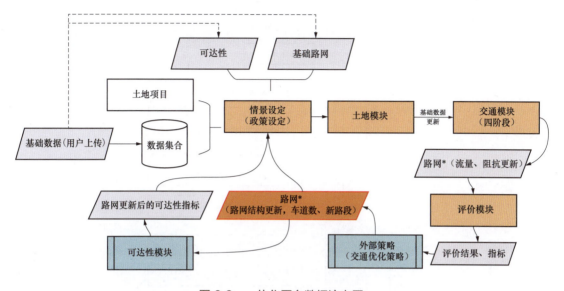

图 6-6　一体化平台数据流向图

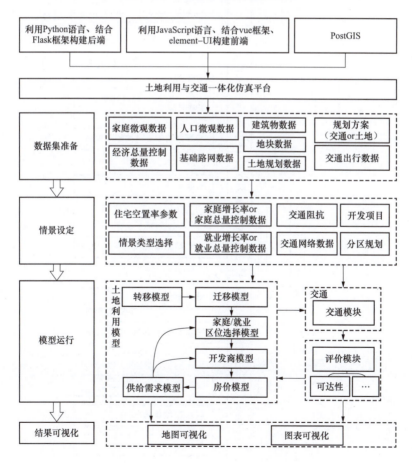

图 6-7　一体化平台详细操作流程

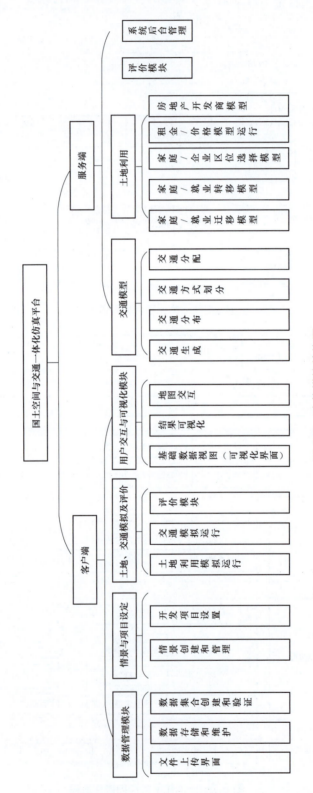

图 6-8　功能模块结构图

1. 数据管理模块

一体化模型的运行需要输入大量的数据和模型参数。因此，平台配备了高效的数据管理工具，不仅支持用户上传各种类型的数据，还可以方便地输入和调整模型参数。这些工具简化了数据处理过程，确保用户能够轻松地将必要的信息和数据集成到模型中，并诊断数据质量和一致性，以进一步用于数据集合的创建和模拟运行。

2. 情景与项目设定

一体化模型构建的目的是辅助规划人员进行决策，模拟不同政策规划下的国土空间和交通情况，通过政策实施前后对比来分析政策实施效果。因此，一体化平台需要支持用户在平台上进行详细的情景设定，包括定义不同的发展假设和政策变量。

3. 土地、交通模拟及评价

平台允许用户进行一次或多次土地和交通模拟，以探索和评估不同情景下的潜在结果。通过可视化和评价指标结果，用户能够全面评估每个模拟的结果，从而对不同的规划和政策选择做出更加明智的决策。

4. 用户交互与可视化模块

平台提供了一个直观的可视化界面，允许用户在地图上查看模拟结果，更加形象地理解各种情景对区域的具体影响。此外，结果也可以以表格和图表的形式进行展示，方便用户进行数据分析和比较。

总体而言，一体化平台为长期区域规划和情景分析提供一个全面、灵活且用户友好的解决方案。通过集成数据管理、模拟运行和结果可视化等多项功能，提高规划过程的效率和有效性，使规划人员能够更好地理解和预测不同决策的潜在影响。

三、平台功能设计

（一）系统主界面

系统主界面包括：地图组件、表格组件、功能面板、数据管理面板、操作工具栏等部分组成，如图 6-9 所示。

平台的操作工作流程为数据上传、数据集合管理、情景管理、开发项目管理、土地模拟运行、交通模型和评价模块。功能面板中有八个主要的标签页，分别对应这个工作流程的每个阶段：分别是"数据上传""数据集合""情景""开发项目""土地模拟运行""交通模型"和"数据可视化"，如图 6-10 所示。

（二）文件管理和上传模块

文件管理和上传模块允许用户上传和管理各类数据，以便定制特定区域的场景和情景。具体的上传界面如图 6-11 所示。上传的地理数据可以作为图层在地图进行可视化；若删除某项地理数据，则其对应的图层将从图层面板中移除。

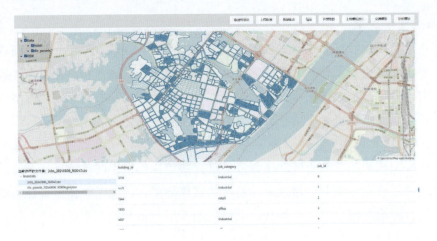

图 6-9　系统主界面

图 6-10　功能面板

图 6-11　文件上传界面

每个上传文件都将经过一系列验证程序，以确保文件符合既定的格式要求，且不含空值、负值，或在 Shapefile 格式下的无效几何形状。通过数据完整性验证的文件将被存储到数据库中，可用于情景和基础数据集合创建界面，以便在后续模拟中使用。若文件未能通过完整性验证，上传界面会显示提示信息，说明文件上传失败或中断的原因。

（三）数据集合创建与管理模块

1. 功能概述：数据集合创建与管理模块帮助用户将已上传的基础数据组合成一个完整的数据集合，以便在情景设定中使用。该模块提供创建、编辑、验证和管理数据集合的功能。

2. 操作步骤：

（1）前提条件：确保基础数据已正确上传，且符合平台的格式要求。

（2）创建数据集合。

1）进入"数据集合管理"界面。

2）点击"新增"按钮，开始创建新的数据集合。

3）在弹出的窗口中完成两部分内容：基础信息输入（指定集合的名称、类型、基础年份和备注）和基础数据选择（选择需要包含在集合中的具体数据文件）。如图 6-13 所示。

（3）验证数据集合。

1）系统会自动检查所选数据文件之间的关联性，包括是否包含模型所需字段，以及文件之间是否通过共同标识符正确连接。

2）若验证成功，集合状态将显示"OK"。

3）若验证失败，集合状态将显示"Warning"，并列出识别到的问题。用户须修正数据后重新上传，并更新集合。

（4）查看和管理数据集合。

1）在集合管理面板中，系统列出所有数据集合的信息，包括集合的唯一 ID、名称、基础年份、数据文件及备注，如图 6-12 所示。

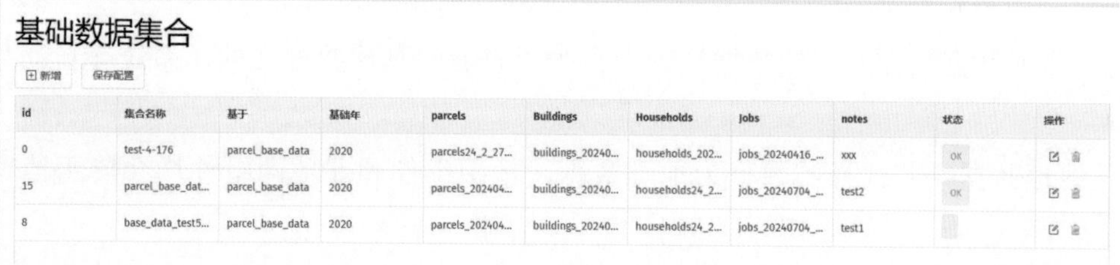

基础数据集合

id	集合名称	基于	基础年	parcels	Buildings	Households	Jobs	notes	状态	操作
0	test-4-176	parcel_base_data	2020	parcels24_2_27...	buildings_20240...	households_202...	jobs_20240416_...	xxx	OK	✎ 🗑
15	parcel_base_dat...	parcel_base_data	2020	parcels202404...	buildings_20240...	households24_2...	jobs_20240704...	test2	OK	✎ 🗑
8	base_data_test5...	parcel_base_data	2020	parcels_202404...	buildings_20240...	households24_2...	jobs_20240704_...	test1		✎ 🗑

图 6-12　数据集合管理界面

2）状态指示器显示每个集合的当前状态，例如"OK"或"Warning"。

（5）编辑和删除数据集合。

1）在集合管理界面，点击集合右侧的"编辑"或"删除"图标，可对集合进行修改或移除操作。

2）编辑集合时，用户可以更新集合基础信息，或更换其中的数据文件。

（6）应用数据集合：一旦集合状态为"OK"，可在"情景创建"模块中选择该集合，以进行情景设定（见图 6-13）。

图 6-13　创建新集合窗口

（四）基础数据查看器

1. 功能概述

基础数据查看器模块用于浏览和检查已上传的通过校验的数据信息，包括地理数据和非地理数据。此外，数据查看器还提供数据编辑功能，以满足用户对数据的调整和修改需求，并支持编辑完成后的数据下载。

2. 操作步骤

（1）打开基础数据查看器：在功能面板中点击"数据可视化"打开"基础数据查看器"界面，如图 6-14 所示。

（2）查看数据：在左下侧数据列表中点击要查看的具体数据文件，系统会自动显示文件内容。

1）地理数据：若选择的数据为地理数据，地图组件和非地图组件均会展示地理数据信息。

2）非地理数据：在表格组件中查看非地理数据，显示各字段的具体内容。

（3）编辑数据：

1）若需要对数据进行修改，点击"编辑要素"按钮进入编辑模式，见图 6-15；

2）在现有地理要素数据的基础上，添加要素或修改要素；

3）编辑完成后，点击"保存"以更新修改内容。

（4）下载已编辑数据：如需下载编辑后的数据，点击"下载要素"按钮将数据导出，下载包含更新后的数据文件。

图 6-14　集合数据查看器

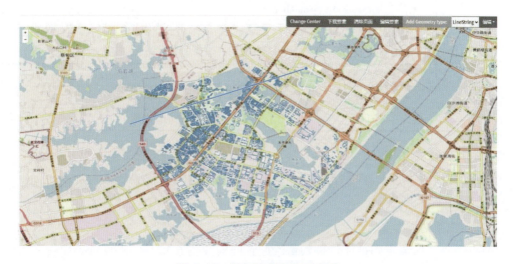

图 6-15　数据编辑界面示意图

（五）情景创建与管理模块

1. 功能概述

情景创建与管理模块帮助规划师在不同政策和假设背景下模拟城市发展情况。用户可以创建、编辑和管理不同情景，以分析和比较各种发展策略的影响。情景分类如表 6-10 所示。

表6-10   情 景 分 类 表

情景分类	简化描述
无交通情景（NOTDM）	不考虑交通阻抗对居住与工作地点选择的影响，交通需求分布随机，可能低估道路扩充和交通优化的影响
基准情景	基准情景将交通需求模型与国土空间模型整合在一起。同步更新土地和交通数据，反映出城市道路随城市发展而进行动态变化的状况
政策情景	基于具体的开发项目，模拟特定城市规划和土地开发的未来影响，为决策提供支持

情景设定涉及一系列详尽的假设，用于预测和评估城市发展的不同方面。这些假设分为以下几类：控制总量假设、国土空间政策和交通政策假设。这些假设共同构成了情景设定的基础，允许规划者深入了解和评估未来城市发展的各种可能性。具体的情景假设分类和相关描述，以及控制假设的参数和文件见表6-11所示。

表6-11   情 景 假 设 分 类 表

假设分类	控制参数或文件	描述
控制总量假设	家庭总量控制文件或家庭增长率	控制总量文件或增长率
	就业控制总量或就业增长率	
国土空间政策假设	规划分区表（zoning）	影响开发商模型的假设，包括特定场景下的分区设置、开发假设（如容积率、住宅单元限制）以及利率和公共服务设施的配比。主要是开发商模型的外生输出
	空置率（vacancy rate by building type）	
	利率	
	不同类型建筑物对应的公共服务设施配比	
	分区规划表、地块表、建筑物表	特定的房产开发项目
交通政策假设	交通阻抗	道路扩容
	交通网络	特定的新路段

2. 操作步骤

（1）打开情景界面：在功能面板中点击"情景"进入"情景管理"界面，如图6-16所示。

（2）创建新情景：

1）点击"新增情景"按钮，进入情景配置面板（图6-17）；

2）在情景配置面板中，完成情景名称、情景类型、对应的基础数据集合、经济人口假设、分区设置、交通假设（交通模型阻抗、交通模型网络）等配置；

3）配置完成后，点击"提交"以创建情景。

（3）编辑和删除情景：

1）在情景管理界面（图6-16），点击待编辑情景对应的"编辑"按钮，进入编辑面板，查看或修改情景的详细设置。

2）若需删除情景，点击"删除"图标以移除该情景。

（4）开发项目配置：如果情景中涉及土地开发政策设定，可在开发项目配置界面定义具体的开发项目。

1）点击功能面板中的"开发项目"进入开发项目管理界面，如图 6-18 所示。

2）点击"新增项目"进入开发项目配置面板（图 6-19），设置以下信息：开发项目名称、关联情景 ID（通过情景 ID，将开发配置与相应的情景进行关联）、开发地块 ID、开发建筑物数、层数、非居住面积、居住套数和预计修建时间。

3）完成后点击"提交"以更新项目设置

情景创建

ID	情景名称	情景类型	选定集合	住宅空置率	家庭增长率	就业增长率	就业控制总量文件	家庭控制总量文件	分区规划表	交通分区文件	交通网络文件	操作
8	scenario_5-23s	BASELINE	11	0.21	0.21	0.22	job_controls2...	household_c...	zoning_2024...	traffic_zones...	assignment_c...	
14	scenario_7-4	TrafficPolicy	15	0.21	0.21	0.22	job_controls2...	household_c...	zoning_2024...	traffic_zones...	road.graphml	
15	scenario_7-4-2	TrafficPolicy	15	0.21	0.21	0.22	job_controls2...	household_c...	zoning_2024...	traffic_zones...	road.graphml	
2	scenario_test1	BASELINE	0	0.21	0.21	0.22	job_controls2...	household_c...	zoning_2024...	traffic_zones...	assignment_c...	
16	7-5	BASELINE	15	0.21	0.21	0.22	job_controls2...	household_c...	zoning_2024...	traffic_zones...	road.graphml	

图 6-16　情景管理界面

编辑&保存

基础信息

* 情景名称　scenario_5-23s　　　情景类型　基准情景

基础数据集合　11

参数填写

住宅空置率　0.21

家庭增长率　0.21　　　家庭控制总量文件　household_controls_2010_2050_low_

就业增长率　0.22　　　就业控制总量文件　job_controls24_2_27_20240523_192(

zoning　zoning_20240704_175057.geojson

交通参数选择

交通分区　traffic_zones.csv　　　交通网络　assignment_combined_graph.graphm

提交　重置

图 6-17　情景配置面板

开发项目

ID	项目名称	Parcel ID	scenarioid	建筑物类型	建筑物数	层数	非居住面积	居住套数	修建时间	操作
0	test	20	2	商业	1	20	20000	2000	2025	
3	land_project_test	20	8	混住	1	2	200	20	2025	
1	Example Building	1	16	混住	10	5	1500	20	2025	

图 6-18　开发项目管理面板

图 6-19　开发项目编辑面板

（六）土地模拟运行模块

1. 功能概述

土地模拟运行模块支持模拟创建、管理、模拟运行状态查看、模拟结果下载及结果可视化，帮助用户分析不同情景下的国土空间情况。

2. 操作步骤

（1）创建模拟运行：

1）点击功能面板"土地模拟运行"，进入土地模拟管理界面（见图 6-20）；

2）点击"新增模拟"按钮，打开土地模拟创建窗口（见图 6-21）；

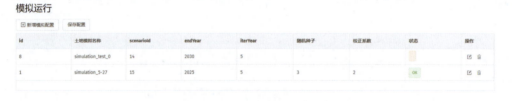

图 6-20　土地模拟运行管理

图 6-21　土地模拟运行创建

3）填写模拟参数：

每次模拟运行都与一个特定的情景相关联，虽然同一情景可以进行多次运行，但由于随机性的因素，结果可能会有所不同。模拟运行与情景之间的关系如图 6-22 所示。在创建新的模拟运行时，用户需要选择一个情景，并设置模拟名称、预测年份（模拟截止年）、迭代年等。

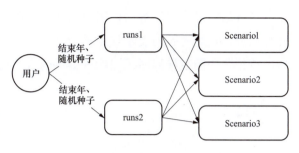

图 6-22　模拟运行与情景关系

4）点击"提交"完成模拟创建。新创建的模拟将显示在模拟管理表中（见图 6-20），并可供查看和编辑。

（2）模拟运行与状态查看：

1）点击待运行模拟的详细配置界面，点击"开始运行"，模型将从基准年份开始运行，直到指定的结束年，其中结束年必须至少比基准年晚一年。

2）运行后，会进入"模拟状态"界面（见图 6-23），可查看当前模拟的运行状态和进度，状态包括：开始、正在运行中和运行完成。

图 6-23　模型运行状态

3）运行完成后，点击"下载"按钮以获取模拟结果文件。

（3）地图和指标可视化：

在成功完成模拟运行后，用户将能够下载并可视化一系列详细结果，包括地图层、文件和图表。直观的数据展示使用户能够直观地理解和分析模拟结果。可视化结果页面包括地图可视化和图表指标图，如图 6-24 所示。

图 6-24　结果可视化界面

（七）交通模拟运行模块

1. 功能概述

交通模拟运行模块包含了配置管理、模拟管理、运行及可视化功能。通过该模块，用户可以配置和运行交通模拟，查看运行状态，并以多种形式展示结果，为交通规划和管理提供有效支持。

2. 操作步骤

（1）进行交通配置

1）在功能面板中点击"交通模型"，进入交通配置界面，如图 6-25 所示；

2）设置出行相关参数：出行相关配置允许用户根据不同情景设置非强制出行的频率、目的地和出行时间。

#	配置名称	心理账户参照点	心理账户权重	备选路径条数	迭代次数	迭代阈值	BPR阻抗参数-Alpha	BPR阻抗参数-Beta	操作
1	默认	默认_心理账户.csv	默认_心理账户权重.csv	3	5	100	0.15	0.15	
2	默认2	默认_心理账户.csv	默认_心理账户权重.csv	3	5	100	0.15	0.15	
3	默认2	默认_心理账户.csv	默认_心理账户权重.csv	3	5	100	0.15	0.15	

图 6-25　交通配置界面

3）设置方式划分与交通分配参数：在方式划分与交通分配配置界面（见图 6-26），用户可设置心理账户参照点和心理账户权重，自行输入备选路径条数、迭代次数，以及 BPR 阻抗参数中的 Alpha 和 Beta 值。

图 6-26　方式划分与交通分配参数配置界面

4）配置过境交通：使用页面中的坐标选取，按交通总量或分时段输入过境交通量，具体如图 6-27 所示。

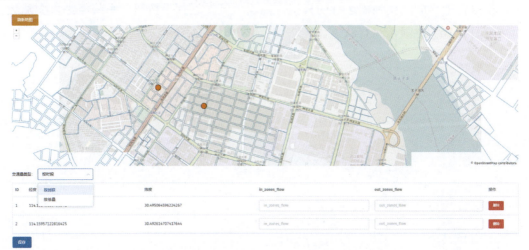

图 6-27　过境交通配置界面

（2）新建交通模拟：

1）在交通模拟管理界面（见图 6-28），点击"新增"按钮，进入模拟配置界面图 6-29。

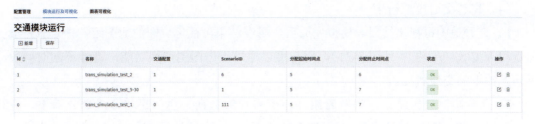

图 6-28　交通模拟运行管理

图 6-29 交通模拟运行配置

2）填写模拟配置信息：输入模拟运行名称、对应的出行配置、方式划分及分配配置、分配起始时间点、分配终止时间点。

3）点击"提交"完成模拟创建。新创建的模拟将显示在模拟管理表中，并可供查看和编辑。

（3）启动模拟运行：

在模拟管理界面，找到需运行的模拟，点击"开始运行"按钮。系统将进入交通运行界面（见图 6-30）并显示运行状态。

图 6-30 交通运行界面

（4）查看交通模拟结果：

1）查看地图可视化结果。模拟完成后，可在结果可视化页面的地图组件中查看路段交通量和 V/C 分布结果（见图 6-31）。用户可以通过点击图层切换功能，查看不同时间段或不同条件下的交通状况。

2）查看图标分析结果。在图表组件中查看详细数据，包括交通方式划分结果、各时段出行次数和 OD 分配结果等（见图 6-32 和图 6-33）。图标展示的数据可以帮助用户深入分析交通需求的空间分布和时间变化，为交通规划提供决策支持。

图 6-31　交通运行结果可视化界面—地图组件

图 6-32　交通运行结果可视化界面—图表界面

（八）评价模块

1. 功能概述

通过一体化评价模块，规划者可以根据评价结果更准确地预测和评估不同国土空间策略和交通规划方案对城市发展的影响效果，以及指导规划者进行规划工作和制定优化策略。评价模块界面分为三部分：模拟选择、指标权重输入和评价结果可视化，如图 6-34 所示。

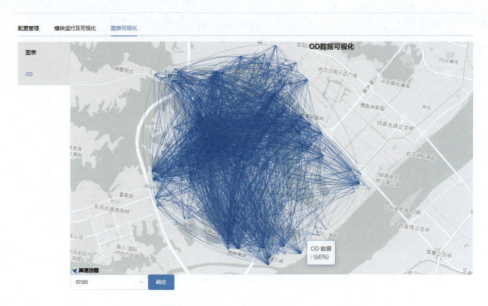

图 6-33　交通运行结果可视化界面—OD 可视化

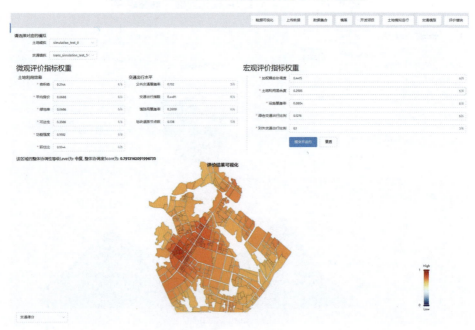

图 6-34　评价界面

2．操作步骤

（1）进入评价模块：

在功能面板中点击"评价模型"，进入评价模块界面（见图 6-34）；

（2）模拟选择：

1）前提条件：已完成国土空间模拟和交通模拟。评价模块评价国土空间和交通模拟结果的协调性。将国土空间与交通系统协调程度评价分为两个维度：①微观层面上地块的协调度；②宏观层面上城市国土空间与交通系统的整体协调发展程度。

2）选择需要进行评估的土地和交通模拟。

（3）指标权重输入。由于评价指标众多且权重设定较为复杂，系统在输入框中预设了各指标的默认权重值，用户可以根据实际需求进行修改。

1）根据实际需求调整权重值，系统会实时反馈权重配置的合理性。

2）如需恢复默认权重，点击"重置"按钮，系统将自动恢复所有权重到默认值。

3）点击"提交并运行"，执行评价模型，页面下方呈现出评价结果。

（4）评价结果可视化查看。评价结果分为"整体协调度评价"和"微观评价"。

1）查看"整体协调度等级"和"整体协调度值"，以了解城市国土空间与交通系统的整体协调性。

2）通过地图组件中查看不同区域的具体评价结果。

3）使用图层下拉菜单切换不同的结果图层，地图支持缩放和平移，便于详细分析特定区域。为了增强数据的可理解性，地图上各图层采用不同的颜色和标识进行区分，并配备图例说明，帮助用户快速识别各类评价指标。

（九）结果清单

每次模拟运行后，都将输出一系列可视化结果。表6-12列出了各类可视化结果的输出频率和数据来源。此外，模型的非可视化结果，如区位选择模型标定结果等，主要写入了输出文档中，提供每次模拟运行的数学和统计分析，帮助用户分析模型有效性，以及指导规划者进行调整和优化。

1. 家庭和就业总量控制折线图

（1）用途：展示规划者在模拟情景中的家庭和就业总量控制策略，帮助用户了解模拟情景中的家庭和就业增长趋势。

（2）数据来源：家庭总量控制文件、家庭和就业增长率，如图2-7、图2-8所示。

（3）输出频次：模拟前输出一次。

2. 人口、就业岗位现状分布及发展预测结果图

（1）用途：显示人口和就业岗位的现状分布及其预测分布结果，帮助规划者理解人口和就业岗位随时间的动态变化。通过比较连续迭代运行的结果，规划者可以评估特定规划措施或政策变化对人口和就业分布的影响。这有助于判断哪些策略有效，哪些需要调整，从而在实施过程中实时调优策略。

（2）数据来源：家庭区位选择模型和就业区位选择模型输出。

（3）输出频次：每次迭代运行结束时生成。

3. 新增人口、就业岗位分布图

（1）用途：展示基础年和迭代年间的新增人口和新增就业岗位分布。由于从人口、就业岗位现状分布及发展预测结果图中直接观察变化可能较为困难，该图作为补充工

具，帮助用户更清晰地分析和观察规划期内的人口和就业岗位具体变化，便于评估策略效果。

（2）数据来源：家庭区位选择模型和就业区位选择模型输出。

（3）输出频次：每次迭代运行结束时生成。例如，若基础年为 2020 年，终止年为 2035 年，5 年为一个迭代周期，则系统将输出 2020～2030 年和 2030～2035 年两个阶段的对比结果。

4. 新增建筑物分布图

（1）用途：反映规划期内预测的新增建筑物的地理分布、年份以及建筑类别，揭示房地产开发趋势，即国土空间与城市发展状况。

（2）数据来源：开发商模型输出。

（3）输出频次：一次性输出。

5. 可开发地块图

（1）用途：提供分区规划表的可视化输出，展示可开发地块的位置，便于进行可行性分析和进一步开发规划。

（2）数据来源：开发商模型（效益计算模块）输出。

（3）输出频次：一次性输出。

6. 交通模型结果：

（1）全天、早晚高峰及分时段出行分布图：

全 1 天、早晚高峰出行分布图展示全日及高峰时段的出行需求分布，帮助识别交通拥堵点和高峰特征，支持交通优化。分时段出行分布图进一步细分为早高峰、晚高峰和非高峰时段，详细反映出不同时间段内路网的负荷情况及出行行为差异，帮助了解时段性交通压力。

（2）路网交通量分布图：

路网交通量分布图展示整个交通网络中各路段的交通量分布情况，通过直观的颜色和线宽变化，体现路段的交通压力，帮助规划者了解交通拥堵点以及交通量的高低变化。

（3）路段 V/C 比分布图：

路段 V/C（流量与容量比）比分布图则显示各路段的交通服务水平，V/C 比越高的路段表示其接近或已经超出设计容量。通过此图可以识别路段的饱和程度，为优化路段设计和交通管理提供依据。

7. 评价模型结果：

（1）区域整体协调度评价结果：显示区域国土空间与交通系统的整体协同水平。

（2）微观地块评价结果（各指标）：反映各地块在国土空间效益和交通发展水平上的具体表现与协调程度。

表 6-12   模拟运行可视化结果清单表

可视化结果分类	输出频次	输出来源
家庭总量控制折线图	一次性输出	家庭总量控制文件/家庭增长率
就业总量控制折线图	一次性输出	就业总量控制文件/就业增长率
人口现状分布 及发展预测结果图	每次迭代输出	家庭区位选择模型输出
新增人口分布图	一次性输出	家庭区位选择模型输出
新增岗位分布图	一次性输出	就业区位选择模型输出
就业岗位现状分布 及发展预测结果图	每次迭代输出	就业区位选择模型输出
可开发地块图 （可行性分析图）	一次性输出	开发商模型 （效益计算模块）输出
新增建筑物分布图	一次性输出	开发商模型输出
全天、早晚高峰及分时段出行分布图	一次性输出	交通模型
路网交通量分布图	一次性输出	交通模型
路段 V/C 比分布图	一次性输出	交通模型
区域整体协调度评价结果	一次性输出	评价模型
微观地块评价结果（各指标）	一次性输出	评价模型

第三节　本　章　小　结

　　本章主要聚焦于国土空间与交通系统协调发展评价体系的构建与一体化平台的应用。通过构建基于层次分析法和耦合协调度的多维评价体系，从微观地块和宏观区域两个层次深入分析了国土空间效益与交通发展水平之间的相互作用，为评估国土空间与交通系统的协调发展程度提供了科学方法。同时，详细介绍了一体化平台的架构、功能和应用流程，包括系统架构设计、平台应用流程、主要模块功能以及评价模块和结果清单等方面，展示了平台在数据管理、情景设定、模拟运行和结果可视化等方面的强大功能。该平台为国土空间与交通规划一体化提供了重要的技术支持，有助于规划者和决策者更好地理解和优化国土空间与交通系统的关系，推动城市可持续发展。

第七章

工 程 实 践

随着理论研究的不断深入，如何将国土空间与交通规划的理论体系应用于实际工程中，成为推动城市可持续发展和实现规划目标的关键。本章将重点讨论工程实践中的具体应用，特别是如何利用前述的理论框架和模型，结合实际工程案例，解决复杂的城市交通与土地利用规划问题。通过对多个典型项目的分析，展示了在不同区域和环境下，如何运用一体化的技术手段和数据分析方法，进行交通网络优化、土地利用调控。本章的目的是为未来类似项目提供实践指导，并为政策制定者和规划人员提供切实可行的操作方案，以推动理论研究成果的实际转化，促进城市规划与交通发展之间的有机融合。

第一节　案例分析前提

本章主要根据前文提出的一体化模型框架，收集武汉经济技术开发区相关数据，包括家庭微观个体数据、土地利用数据、建筑物数据、交通网络数据等，并进行结果展示，如家庭分布与预测结果，就业结果，居民活动需求预测以及地块耦合协调度和区域整体协调度评价等；最后对结果进行评价，包括基准情景与无交通模型情景对比，特殊情景与基准情景对比，组合模型拥挤度对比分析以及出行方式比例敏感性分析。

一、基本情况

武汉经济技术开发区（与汉南区实行"政区合一"管理体制）始建于 1991 年，管辖 7 个街道，62 个社区，50 个行政村（未包含汉阳共建区和新滩新区），开发区规划控制面积 489.7km²，拥有人口 61.8 万（2021 年底）。开发区位于武汉市西南，长江以北，濒临长江，地处市区武汉三环线和武汉外环线之间。开发区发展腹地广阔，各项基础设施完善，建成区绿化面积 450 万 m²，绿化覆盖率达到 34.7%，处于中国经济地理的核心位置区位优势明显。武汉经济技术开发区产业特色鲜明，产业链条完整，形成了汽车、电子电器两大支柱产业和印刷包装、食品饮料、生物医药、新能源新材料四大优势产业。2023 年武汉经开区完成地区生产总值（GDP）2150.39 亿元，比上年增长 7%，较 2022 年提升 2%。

二、数据集合

本文案例分析均基于第二章第二节所述的基础数据。所有场景都对应相同的数据集合

"经开基础数据",基础年均为 2020 年。本次模拟不采用基础的增长率值来进行家庭总量和就业总量控制,而是使用控制总量文件,具体见第二章第二节社会经济控制数据,统一设置模拟终止年为 2035 年。

三、情景设定

想要分析工程建设方案对城市发展的影响,一般需要设置三个情景:无交通需求模型场景(NOTDM)、基准场景(BASELINE)和政策情景。

(一)无交通情景

在无交通模型 NOTDM 情景下,土地利用模型运行时未考虑交通模型,即假设在规划期限内城市的交通状况保持恒定不变。NOTDM 情景旨在为基准情景(BASELINE)提供一个对比基础,以便了解交通需求模型的纳入对最终模拟结果的影响。这种分析有助于评估模拟结果的可靠性。

(二)基准情景

基准情景将交通需求模型与土地利用模型整合在一起。在模拟过程中,土地和交通数据会同步更新,反映出城市道路随着城市发展而动态变化的情况。同时,反映道路信息变化对城市发展产生的影响。这种相互作用使得模拟结果更加真实和合理。

基准场景的设置旨在模拟一个没有新政策、发展策略或其他外部干预的自然演进过程,以此作为未来城市发展可能走向的预测。创建基准场景的主要目的是提供一个对照基准,以便可以量化并评估不同规划策略或发展项目对城市的具体影响。通过与基准情景的比较,规划者和决策者能够更深入地理解不同政策选择的潜在影响,进而做出更加明智的决策。

(三)政策情景

政策情景基于具体的城市开发项目计划,对城市未来的发展建设进行假设性的模拟。这包括城市交通网络的规划建设和土地利用开发方案。在这个特定情景中,土地利用和交通数据将被同步更新,以确保模拟结果能够准确反映城市道路网络随着城市发展的动态变化。

该模拟的目的是通过分析工程建设后的区域变化,探索其对人口分布、就业机会、交通流量、交通可达性以及土地利用模式等方面的综合影响,从而全面评估工程对区域发展的具体作用和潜在效益。

四、分级尺度

地块尺度和社区尺度是城市规划和模拟中两个重要的分析层次,在空间分辨率、数据需求和研究重点上存在差异,但相互补充。地块尺度专注于城市中最小的空间单位,即单个地块或建筑物,强调细致入微的数据收集和微观层面的分析,用于制定具体的开发计划、评估政策对特定地块的影响，以及支持房地产开发商和投资者的决策；社区尺度则关注由多个地块构成的更大区域，如街区或邻里，通过利用综合性的统计数据和宏观分析方法，研究社区整体的社会、经济和环境特征，应用于区域规划、政策制定和优化公共服务的配置。理解这两个尺度的区别和联系至关重要：地块尺度提供了对城市微观结构的深入洞察，而社区尺度则揭示了宏观发展趋势和集体行为模式。

在工程实践案例中，沌口环线项目将为地块尺度的应用案例；通顺大道汤湖段将为社区尺度的应用案例。

第二节 沌口环线项目案例

一、问题诊断

（一）现状路网分析

现状路网如图 7-1 所示。图 7-1 展示了沌口环线及其周边路网的布局，从中可以观察到几个关键问题和特点：

（1）路网连通性问题：车城南路与车城东路之间存在断开，这种结构缺陷严重影响了南部区域的交通流动性。此断开点可能导致交通迂回，增加了通行时间和拥堵，尤其是在高峰时段。

图 7-1　现状路网

（2）环线的地理位置和作用：沌口环线位于研究区域的中心位置，是连接多个重要区域的关键路段，承担着高额的日常交通流量。它不仅服务于本地居民的日常通勤，也支撑了区域内的商业和服务业交通需求。

（3）交通流量的压力：由于沌口环线的中心地位，道路在一天中大部分时间都面临着较高的交通压力，尤其是连接主要商业、工业区域的路段。

（二）模拟基准情景的重要性

创建基准场景的主要目的是提供一个对照基准，以便可以量化并评估不同规划策略或发展项目对城市的具体影响。基准情景通常反映了以下方面：

（1）现状交通和土地利用的模拟：通过对基准年数据的详细模拟，我们能够识别出现有交通网络和土地配置中存在的问题和瓶颈，比如交通流量分布不均、特定地区的过度拥堵等。

（2）问题的诊断：基准情景提供了一个实证基础，使城市规划者能够评估当前政策和基础设施的效果，并识别那些需要优先考虑和解决的关键问题区域。

通过模拟基准情景，我们可以详细分析当前的路网配置如何影响整个城市的功能性和效率，以及它如何影响特定区域的经济和社会活动。

（1）评估现有交通策略的有效性：检查现行交通管理措施和基础设施项目的性能，识别需要改进或更新的领域。

（2）优化未来的规划和发展：基于模拟结果，提出改进现有交通网络和土地利用策略的具体建议，以支持更可持续和高效的城市发展。

（三）基准情景下的评价结果

当前情况下，通过基准情景模拟得到的人口、就业及土地利用数据不足以直接反映各地块在交通和土地发展方面的具体表现，以及土地与交通的协调发展程度。为此，需要运用先前构建的评价模型对模拟结果进行深入分析。这将包括对各地块在微观层面的土地利用和交通发展情况进行评分，计算土地与交通的协调度得分，以及综合得出整体协调发展得分。

接下来将基于评价模型分析基准情景模拟的结果，以得出详细的评价指标得分。这些得分将为制定优化策略提供依据，旨在提升土地利用效率和交通系统性能，进一步推动土地与交通的协调发展。

图 7-2 展示了基准情景下，各地块的土地利用效益和交通发展水平的综合评价结果 U_1 与 U_2。U_1 指标衡量了土地利用的效益，包括人口密度、绿地率等因素；U_2 指标则评价了交通发展水平，考量了公共交通覆盖率、道路网覆盖率和交通运行指数等要素。图 7-3 则表示各地块的耦合协调度 D 值，该值反映土地利用效益系统与交通发展水平系统的耦合程度，评价两者之间的协调发展水平。此外，结合基准情景的基准年地块耦合协调度评分和地块可开发属性，在图 7-3 中标出了部分可开发但属于低耦合协调度的地块。

根据图 7-2 的分析结果，可以观察到在研究区域的南部地区交通发展水平较中部地区明显偏低。通过结合表 6-1 中的耦合协调度评定等级表和图 7-3 的数据，我们可以得到以下具体的分析结论：

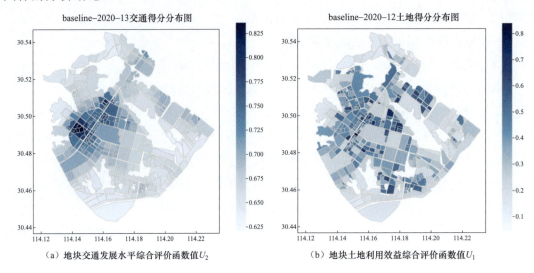

(a) 地块交通发展水平综合评价函数值 U_2 (b) 地块土地利用效益综合评价函数值 U_1

图 7-2　基准情景-基准年-土地交通发展水平得分

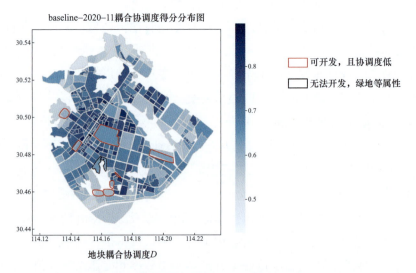

图 7-3　基准情景-基准年-地块耦合协调度 D

（1）整体协调情况：大部分地块处于基本协调或更高的状态。此外。基础年整体协调度为 0.7414，表明在这些地区土地利用和交通系统的发展较为协调。

（2）沌口环线周围：环线附近的地块大多处于协调状态，说明该区域的土地使用和交通发展较为匹配，具有良好的综合发展效益。然而尽管大体情况良好，还是存在可开发地块表现出较低的耦合协调度的情况。这一现象指出，在这些地块的内部或其周边区域，还需要采取进一步的措施来提升土地使用效率和交通系统的整合性。可能的策略包括重新评估和规划地块的用途，改善基础设施以增强其对周边地区的连接，或者通过推进政策和激励措施来鼓励更高效的土地开发模式。这些措施将有助于优化土地资源的利用，同时提升整个区域的交通流动性和居住质量。

（3）环线衔接断开区域：在沌口环线断开的地区，地块的耦合协调度明显低于其他地区，属于基本协调。由于这里的交通发展水平（U_2）高于土地利用效益（U_1），这表明该区域的低协调度主要由土地使用效率低下导致，属于基本协调土地滞后类。

深入分析这种状态的原因，可以归结为以下几个方面：

（1）地理位置和自然条件：失调地块位于湖边，这种特殊的地理位置限制了其发展潜力。湖边地区往往具有更多的环境和规划限制，例如对建筑高度和密度的限制，以及对保护区和绿地的要求。环线衔接断开区域旁的地块为绿地属性，无法直接进行开发。这些限制阻碍了土地的有效利用。

（2）建筑和居住量低：由于湖边地区的特殊规划要求，建筑量和居住量较低。此外，低密度的居住和商业设施也可能影响地区经济的活力和吸引力。

二、基于评价结果的方案优化

（一）现状评估与改造目标

沌口环线位于研究区域的核心区域，承担着重要的交通分流和连接作用。当前环线主要由车城东、西、南、北四条主干道组成，均为双向四车道配置。然而，从现状土地利用和交通协调度评价中发现，环线南部和内部，仍存在显著的土地利用效率低下和交通发展不平衡的问题。这些问题不仅影响了区域内的交通流动性，也限制了土地资源的有效利用和区域经济的发展潜力。

基于对现状的综合分析，提出沌口环线的综合改造计划，旨在通过路网升级优化交通流动性，提升土地使用效率，促进区域内的均衡发展。改造计划的主要目标包括：①缓解现有路网拥堵，提高路网容量和服务水平；②优化土地利用，提升区域土地经济价值；③加强区域内的交通与土地利用的协调发展。

（二）改造方案

改造方案包括对现有道路进行升级改造及新增通道，以提升整体路网的连贯性和流动性。改造方案预计对地面道路进行总计 10.93km 的升级改造，并新增 1.35km 长的通道。图 7-4 展示了拟议的改造区段，橙色标注表示沌口环线待拓宽路段，红色标注为车城南路的新增通道。改造的详细参数列表 7-1 中。

在路网改造的初步阶段，依据表 7-1 的详细规划，小汽车路网中的相关路段属性将进行更新，主要包括将现有的双向四车道扩展至双向六车道。随后，并将其衔接至原有路网，确保数据的准确性与网络的连贯性。

通过这一综合改造计划，有望能显著提高沌口环线的交通承载能力和效率，同时促进周边地块的土地利用效率和经济发展，达到土地与交通协调发展的目标。此外，改造也将提升区域的居住和商业吸引力，有利于区域长远的可持续发展。

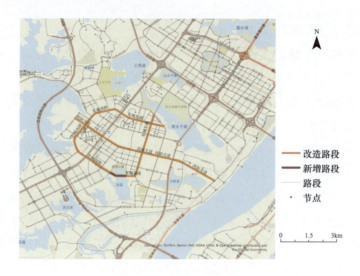

图 7-4　环线改造方案

表 7-1　　　　　　　　　　　环 线 改 造 方 案 表

路名	改造类型	改造或新建长度	现状道路	改造后
车城西路	地面道路改造	3.68km	双向 4 车道	双向 6 车道
车城南路	地面道路改造	3.15km	双向 4 车道	双向 6 车道
	新建通道	1.35km	—	25.5m，双 6
车城东路	地面道路改造	2.9km	双向 4 车道	双向 6 车道
车城北路	地面道路改造	1.1km	双向 4 车道	双向 6 车道
总计		地面道路改造约 10.83km，新建通道 1.35km		

三、完整评价模型计算过程及方案推荐流程

（一）评价模型计算及结果分析

以下是基于基准情景模拟结果的评价模型计算过程。

1. 微观地块评价结果

首先基于地块单元对地块的耦合协调度进行评价，具体如下：

（1）指标值计算与无量纲处理。

结合第六章第一节中的指标概念与计算公式，基于模型数据，计算评价指标贡献度值，计算基础年数据和预测年数据（2025 年），如表 7-2 所示。通过表 7-2，对比基础年与预测年的指标计算结果可知：

1）容积率与房价：部分地块的容积率略有上升，主要原因是这些地块中新增了更多建筑物。这表明土地利用强度有所提升，有助于增加区域内的建筑密度，但需注意避免过度开发导致的资源紧张。平均房价和绿地率变化不大，显示出房产市场相对稳定，且绿地保护措施得以保持。这有助于维持良好的居住环境和生活质量。

2）综合设施可达性：少数地块的综合设施可达性出现波动，主要由于人口聚集和交通拥堵。这反映出在高人口密度区域，现有设施可能无法满足需求，需要加强基础设施建设和优化设施布局。

3）功能强度与职住比：少数地块由于针对性建筑物的开发，功能强度和职住比呈下降趋势。

4）交通发展水平：在基准情景下，公共交通覆盖率、道路网覆盖率及地块道路节点数变化不明显。而土地格局与人口聚集的变化影响了出行活动，导致区域交通运行指数大幅下降，交通拥堵问题凸显。

表 7-2　　　　　　　　　　基础年与预测年微观地块指标计算得分表

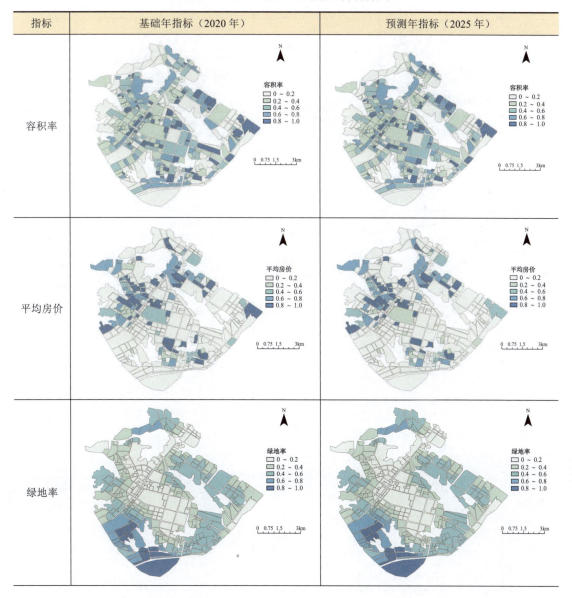

指标	基础年指标（2020 年）	预测年指标（2025 年）
容积率		
平均房价		
绿地率		

续表

指标	基础年指标（2020 年）	预测年指标（2025 年）
综合设施可达性		
功能强度		
职住比		
公共交通覆盖率		

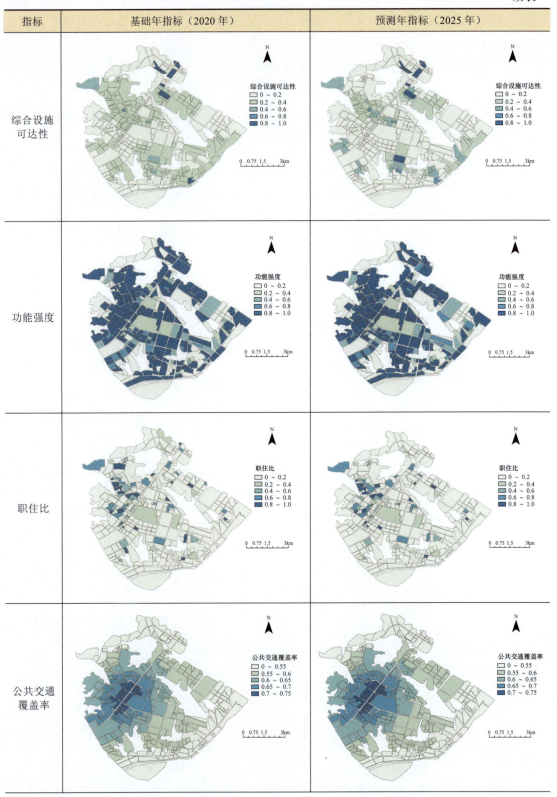

续表

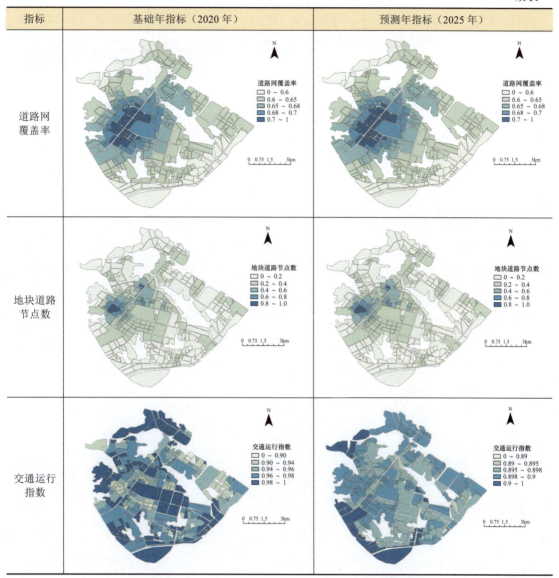

（2）指标权重确定。

采用主客观结合赋权法，首先基于基础年的土地利用效益和交通发展水平指标数据，分别计算土地系统和交通系统的各项指标，并确定各项指标权重。为了确保一体化评价的标准性，所有不同场景或年份下的耦合协调度指标权重均采用上述方法确定的标准权重。具体权重分配见表 7-3。

表 7-3　　　　　　　　　　　耦合协调度指标权重表

评价准则	评价指标	主观权重	主成分 1	主成分 2	主成分 3	最终权重
土地利用效益	容积率	0.1839	0.5021	0.1537	−0.0313	0.2144

续表

评价准则	评价指标	主观权重	主成分1	主成分2	主成分3	最终权重
土地利用效益	平均房价	0.0684	0.1029	−0.1056	0.8957	0.0668
	绿地率	0.0811	−0.1401	0.8118	0.3267	0.0696
	可达性	0.4222	0.0069	−0.5462	0.2941	0.3566
	功能强度	0.1271	0.8455	0.0644	−0.0412	0.1882
	职住比	0.1174	0.0535	−0.0608	0.0424	0.1044
交通发展水平	公共交通覆盖率	0.1570	0.0277	0.3148	—	0.1520
	交通运行指数	0.4829	0.0059	0.0039	—	0.4491
	道路网覆盖率	0.2720	−0.0644	0.9477	—	0.2609
	地块道路节点数	0.0881	0.9975	0.0525	—	0.1380

表 7-3 显示：土地利用效益子系统中可达性的权重值领先于其他土地利用效益指标，对于土地利用效益最大化的实现影响较大。交通发展水平子系统中交通运行指数的权重最大，对于交通系统的高效率发展具有重要作用。

2. 地块耦合协调度计算与分析

基于指标无量纲化处理值与权重，计算土地利用效益与交通发展水平对应的综合函数值，再基于耦合协调度计算方法计算地块单元的耦合协调度，2020 年耦合协调度如图 7-5 所示，2025 年耦合协调度图 7-6 所示。

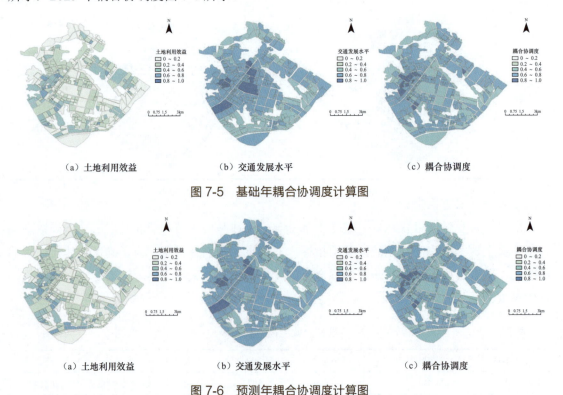

（a）土地利用效益　　　　（b）交通发展水平　　　　（c）耦合协调度

图 7-5　基础年耦合协调度计算图

（a）土地利用效益　　　　（b）交通发展水平　　　　（c）耦合协调度

图 7-6　预测年耦合协调度计算图

结合耦合协调度评价标准，对基础年以及预测年地块的耦合协调度进行评价，依据地块类型进行协调程度分析，如图 7-7 所示。

（1）整体协调状态：基础年和预测年所有地块均处于协调状态，无失调地块；

（2）土地利用与交通发展对比：基础年土地利用效益平均值略低于交通发展水平，13个地块交通滞后，整体呈现土地利用滞后。预测年 22 个地块交通滞后，整体依然呈现土地利用滞后；

（3）协调水平分布变化：基础年 70%的地块处于中度协调状态，28%的地块处于基本协调状态，良好协调地块占比极少。

预测年中度协调地块比例下降至 57%，基本协调比例上升至 38%，良好协调地块数量保持不变。

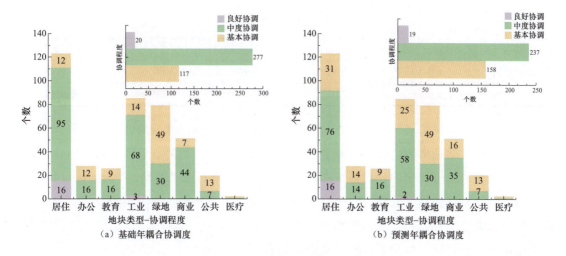

图 7-7　耦合协调度分布状态图

3. 区域整体协调度评价结果

对宏观尺度的研究区域整体协调度进行计算。

（1）加权耦合协调度计算。以基础年地块的耦合协调度为基础，结合熵权法计算各类型地块的权重，如表 7-4 所示。

表 7-4　　　　　　　　　　　各 类 型 地 块 权 重 表

类型	居住	行政办公	教育科研	工业	绿地	商业	公共管理	医疗
权重	0.2782	0.0511	0.0486	0.2382	0.2520	0.0883	0.0416	0.0020

由表 7-4 可知，权重中居住地块、工业地块与绿地地块占比较大，对加权耦合协调度计算有重要影响，反映了区域内居民生活、经济发展以及生态环境的平衡是保持土地与交通协调平衡发展的关键因素。

（2）宏观尺度评价指标赋权。结合多位专家打分结果对宏观尺度下的五个指标进行赋权，如表 7-5 所示。

由表 7-5 可知，加权耦合协调度占比最大，对整体协调度的影响最为显著，其余宏观指标的影响水平基本相同，体现了宏观协调度计算中仍以地块耦合协调度为主要影响因素，并从多个维度体现协调度。

表 7-5 宏观指标权重表

指标	加权耦合协调度	土地利用混合度	设施覆盖率	对外交通服务水平	绿色交通出行比例
权重	0.4415	0.2505	0.0804	0.1000	0.1276

（3）宏观尺度评价指标计算。结合第六章第四节中指标的计算公式对宏观尺度的指标进行计算，如表 7-6 所示。

表 7-6 宏观指标计算表

指标	加权耦合协调度	土地利用混合度	设施覆盖率	对外交通服务水平	绿色交通出行比例
基础年值	0.6419	0.7892	0.8593	1.0	0.7145
预测年值	0.6295	0.7891	0.8593	1.0	0.6518

宏观指标计算结果显示，基础年与预测年的加权耦合协调度虽均处于中度协调状态，但预测年更低，增长率为-1.93%，耦合协调度表现为下降的趋势。总体来看，加权耦合协调度与绿色交通出行比例的计算值下降，土地利用混合度有微小波动，其余指标保持不变。

（4）区域整体协调度计算。结合权重与指标值计算现状年与预测年的整体协调度，基础年整体协调度为 0.7414，预测年整体协调度为 0.7279。虽然两个年份的整体协调度均处于中度协调发展水平，但预测年相比基础年略有下降。

这一轻微下降主要是由于加权耦合协调度和绿色交通出行比例的降低，导致区域整体协调度下滑。在未来规划中，建议首先从各地块的耦合协调度入手，分析其土地利用效益与交通发展水平，通过地块开发或交通基础设施改善来提升区域发展的平衡性。其次，应关注绿色出行比例下降的原因，并制定相应的政策和措施，推动绿色交通出行，以提高区域的整体协调度。

（二）基于评价结果的优化策略分析

基于协调度评价结果，对处于基本协调发展水平的非绿地地块实施交通优化策略，通过新建道路和自组织生成路网来提升交通通行能力，确保与城市规划协调一致。

预测年中处于基本协调发展水平的地块如图 7-8（a）所示。处于基本协调状态的地块均为土地滞后状态，依据第 6 章提出的策略，土地滞后状态地块可采用策略①和策略③，通过新建交通基础设施，在保持协调的基础上提升通行能力，以适应未来的交通需求。策略③为自组织生成道路，即由地块自组织划分时形成的地块内部路网；策略①为新建道路。采用策略③和策略①的地块分别见图 7-8（b）、（c）。

优势,新增节点 18 个,新增路段 19 条;策略③下的优化地块有 9 个,对其进行路网自组织生成,如图 7-9(b)所示,新增节点 71 个,新增路段 60 条;研究区域路网扩张策略更新路网图,如图 7-9(c)所示。

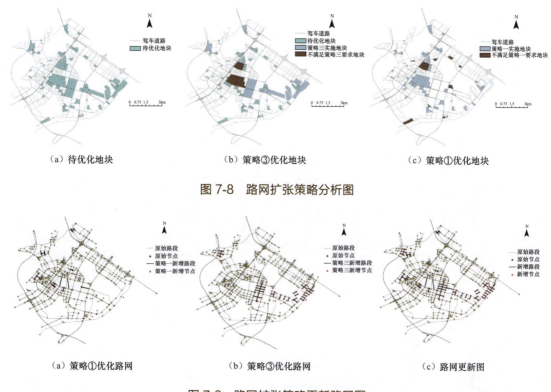

（a）待优化地块　　　　　　（b）策略③优化地块　　　　　　（c）策略①优化地块

图 7-8 路网扩张策略分析图

（a）策略①优化路网　　　　　　（b）策略③优化路网　　　　　　（c）路网更新图

图 7-9 路网扩张策略更新路网图

四、政策情景模拟及项目实施效果评估

沌口环线项目案例中的政策情景涉及的交通网络规划即为上述的沌口环线改造方案,预计于 2030 年建成。将该政策情景的情景名称命名为 TrafficPolicy-环线。基准与政策情景在输入上的唯一区别是,政策情景设定在 2030 年进行工程建设的规划,而基准情景则未包含这一计划。与基准情景一致,情景基准年为 2020 年,模拟终止年为 2035 年。

首先,将展示政策情景下的模拟结果。单独的模拟结果无法直观展示出项目实施的具体效果。为了深入理解政策的影响,必须将政策情景下的模拟结果与基准情景进行对比。这种比较可以明确展示政策实施前后在交通流量、土地利用以及社会经济人口等方面的变化。

（一）家庭和就业总量控制折线图

图 7-10 展示了随时间变化的家庭数量与就业数量的趋势。通过折线图可以直观地比

较人口和就业的增长或变化。

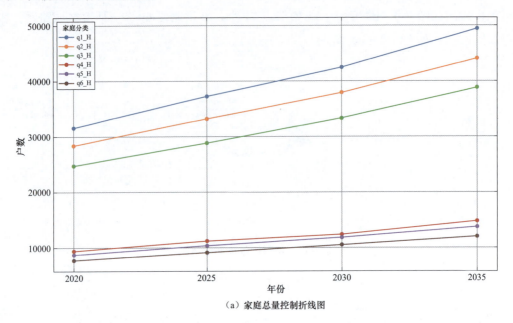

（a）家庭总量控制折线图

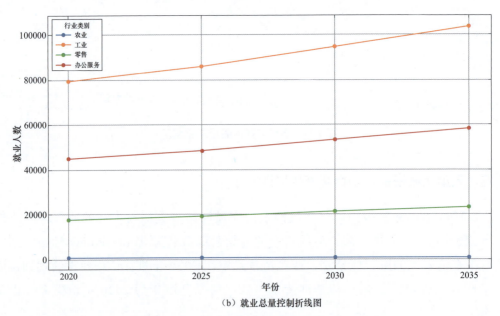

（b）就业总量控制折线图

图 7-10　家庭和就业总量控制折线图

（二）家庭和就业岗位分布变化

1. 人口和就业岗位分布图

图 7-13、图 7-14 分别为 TrafficPolicy-环线情景下 2020～2035 年居民现状人口分布及就业岗位分布及两方面的发展预测结果图。

根据图 7-11 可知，未来年人口分布仍主要集中在东风高架路的两侧和西北部区域，少量人口零散分布在南部和东部地块。从图 7-12 可知，就业岗位主要集中在中部和东风大道两侧。

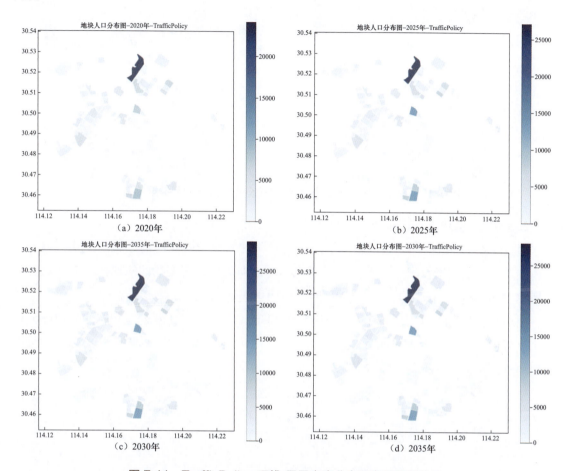

图 7-11　TrafficPolicy-环线-居民家庭分布及发展预测结果

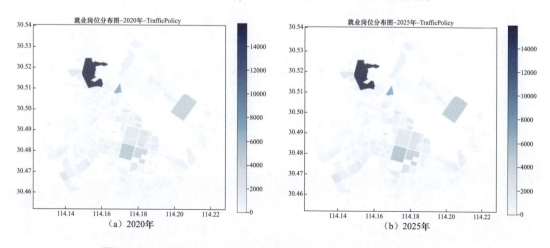

图 7-12　TrafficPolicy-环线-就业岗位分布及发展预测结果（一）

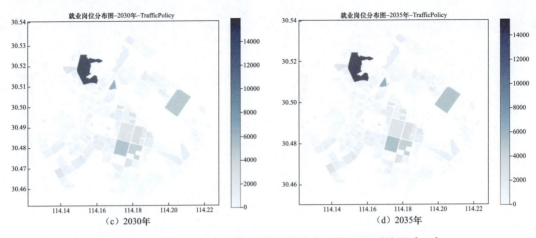

（c）2030年　　　　　　　　　　　（d）2035年

图 7-12　TrafficPolicy-环线-就业岗位分布及发展预测结果（二）

2. 人口、就业岗位分布变化对比图

通过图 7-11 和图 7-12 难以直观地对比各年份的人口与就业岗位分布的变化，以及人口和就业岗位的增减情况。因此，设置了人口与就业岗位分布变化的对比图，以实现更清晰地比较和分析，如图 7-15、图 7-16 所示。

图 7-13、图 7-14 分别展示了从 2020 年到 2035 年期间研究区域人口和就业岗位的分布变化。蓝色表示地块上人口或就业岗位的增加，红色则表示减少。通过这张图，我们可以清楚地看到不同地块上的就业岗位和人口的变化情况。

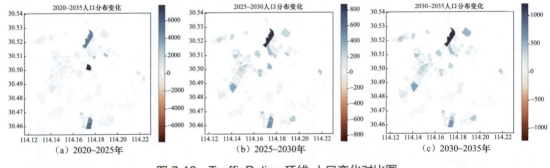

（a）2020~2025年　　　　　（b）2025~2030年　　　　　（c）2030~2035年

图 7-13　TrafficPolicy-环线-人口变化对比图

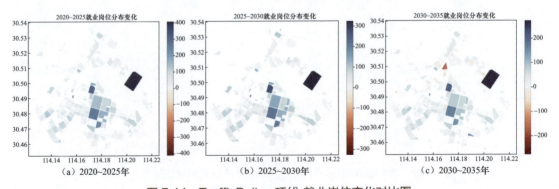

（a）2020~2025年　　　　　（b）2025~2030年　　　　　（c）2030~2035年

图 7-14　TrafficPolicy-环线-就业岗位变化对比图

从图 7-15 可以看出，东风大道两侧及南部地块的人口增长尤为显著；图 7-16 显示，中部和西南部地区的就业岗位增长明显。这与①土地利用规划与政策；②交通基础设施；③住房供给与价格等因素相关。

（三）土地利用变化

1. 地块划分结果

本次模拟将大地块划分为小地块，一方面会提高模拟的精度；另一方面是以适应开发商模型中开发项目的开发，避免一次性开发太大的面积，出现不合理的情况。图 7-15（a）、（b）分别为待划分地块图和地块划分结果图。

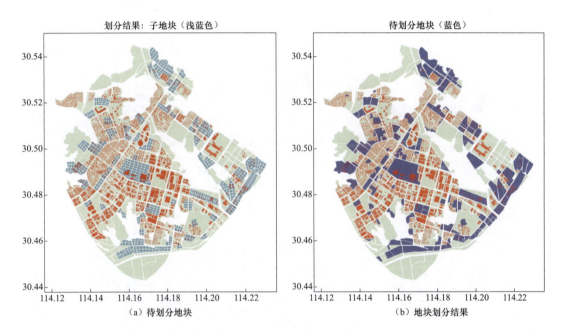

（a）待划分地块　　　　　　　　　　（b）地块划分结果

图 7-15　地块划分结果

2. 可开发地块图

基于地块划分结果以及规划分区表，即可得到可开发地块图，即在哪些地块上可以进行相应建筑物类型的开发，如图 7-16 所示。

3. 新增建筑物

新增建筑物分布结果见图 7-17 所示。改造路网主要为研究区域主干道，从图 7-15（a）中的建筑物的分布可知，改造路网周围的地块基本已经开发。在沌口环线方案下，新增建筑物更倾向于集中在改造后的道路周边区域。改造路网周围的建筑物主要为非居住用途，这与改造路段周边规划的用地类型一致。结合图 7-13 和图 7-14 中人口与就业岗位的分布变化，可以发现新增建筑物地块对应着人口和就业岗位的增长。

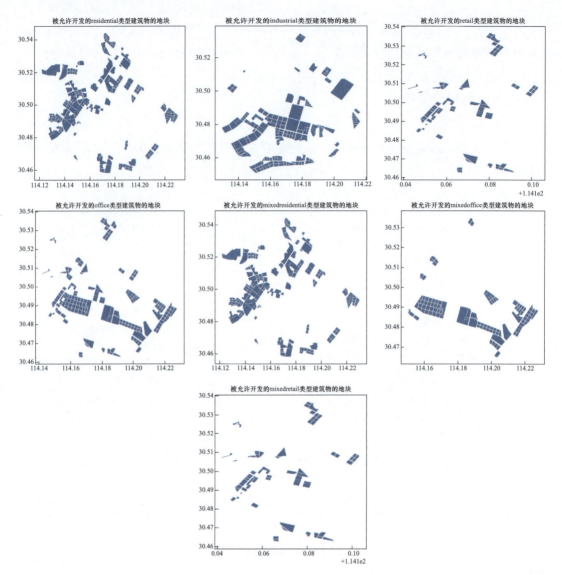

图 7-16 各地块上允许的开发建筑物类型

（四）交通结果

1. 出行 OD 分布图

研究区域全天 OD 图分别如图 7-18 所示。图 7-19 展示了研究区域在早、中、晚高峰时段的出行分布情况。结合地块划分图可知：

（1）居住区集中出行：居民的出行活动主要集中在西北部、南部和北部的居住用地，这些区域为日常生活的核心，自然成为出行的主要集散地。

（2）通勤高峰流向：中部和西南部的工业及办公用地吸引了大量通勤流，尤其在工作日的早晨和傍晚高峰时段，显示出明显的通勤需求。

（3）午高峰与商业区关联：午高峰期间，出行活动与商业地块紧密相连，反映出居民对餐饮服务的高需求。

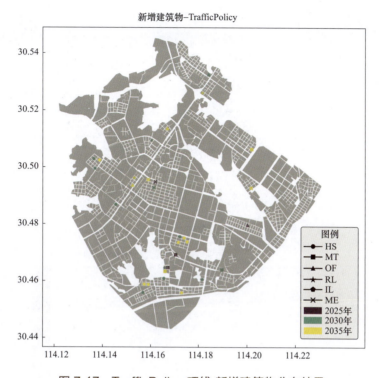

图 7-17　TrafficPolicy-环线-新增建筑物分布结果

图 7-18　居民全天出行分布 OD 图

（4）晚高峰多元活动：晚高峰不仅维持了通勤流向，还出现了向商业区的出行，表明居民下班后进行购物、娱乐和餐饮等活动。

2. 路网交通量分布图

晚高峰 17:00-18:00 路段交通量分布结果如图 7-20 所示。新增路段上的明显交通量反映了该路段在缓解周边道路压力、改善地区交通流动性方面的重要作用。

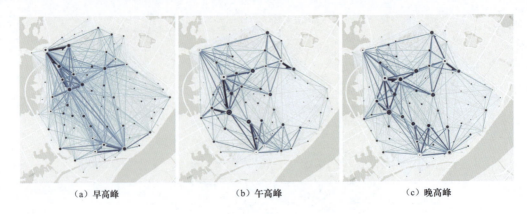

（a）早高峰　　　　　　　　（b）午高峰　　　　　　　　（c）晚高峰

图 7-19　早中晚高峰的出行分布 OD 图

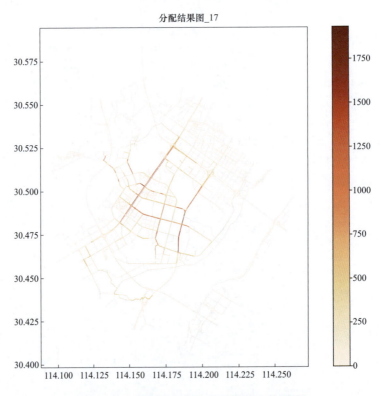

图 7-20　晚高峰交通分配后道路网流量图

（五）情景对比——项目实施效果分析

进行情景对比的主要目的是精确地评估和揭示不同交通政策和规划选择对区域发展的具体影响。

为直观反映不同情景之间的差异，针对终止年的人口和就业岗位分布数据进行了差值对比分析。分别对比无交通情景（NOTDM）与基准情景（BASELINE），以及基准情景与政策情景（TrafficPolicy-环线），生成了人口分布差异图和就业岗位分布差异图。具体计算方式为两种情景下的预测人口数量和就业岗位数量的差值，例如，BASELINE 与 NOTDM 的对比结果为 BASELINE 情景下的预测人口数量和就业岗位数量减去 NOTDM 情景下的对应数值。

图 7-21、图 7-22 分别为 BASELINE 与 NOTDM 情景、TrafficPolicy 与 BASELINE 的对比结果。

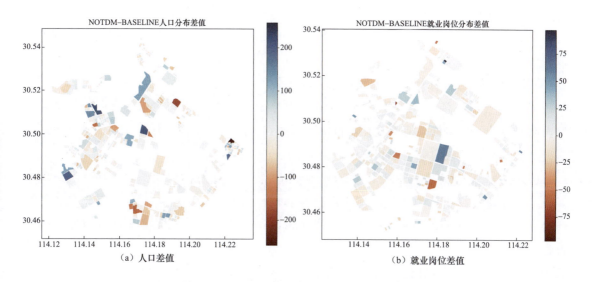

图 7-21 BASELINE 与 NOTDM 差值对比

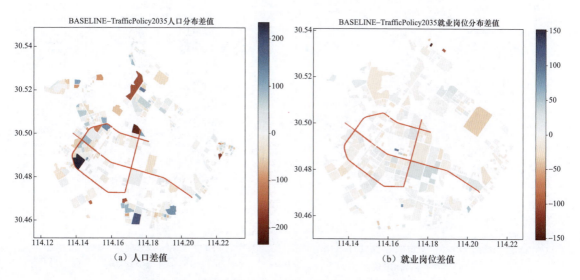

图 7-22 TrafficPolicy-环线与 BASELINE 差值对比

1. BASELINE 与 NOTDM 情景

（1）在考虑了交通需求模型的情况下，人口更倾向于分布在西北区域。这是因为可达性因素对区位选择的影响。在考虑了交通因素后，人口聚集区域与可达性值高的区域有较强的空间关联性，即人口更倾向于分布在可达性高值区域。家庭的区位选择会选择向交通发达地区偏移。交通因素对于居民家庭区位选择起到至关重要的作用。交通需求模型的缺失会导致土地利用模型的预测结果产生一定的偏差。

（2）考虑了交通因素后，就业岗位的分布变化并没有明显的趋势，但仍表现出东风高架两侧以及中部可达性高值区域的就业数有增长。

2. TrafficPolicy-环线与 BASELINE 对比

在沌口环线改造背景下，对研究区的土地利用、交通流量、人口及就业人口进行的模拟。图 7-22 揭示了政策情景与基准情景的对比结果。环线改造不仅改善了交通流通性，还对周边地块的土地利用和经济活动产生了显著影响：

图 7-22 显示：沌口环线改造路段周围地块的就业岗位和人口数量均有明显的增长。这表明交通政策的实施，特别是针对特定区域的路网改进，不仅优化了交通流动性，还显著提升了该区域的人口吸引力和就业机会。

图 7-23 从两个情景下的新增建筑物分布图中提供了直观的对比，显示在环线政策情景下，新增建筑物更集中于沌口环线南部及其衔接区域。这种空间布局的变化强调了环线改造对区域发展动态的重塑作用，促进了该区域内部的空间利用效率和城市发展的整体均衡。

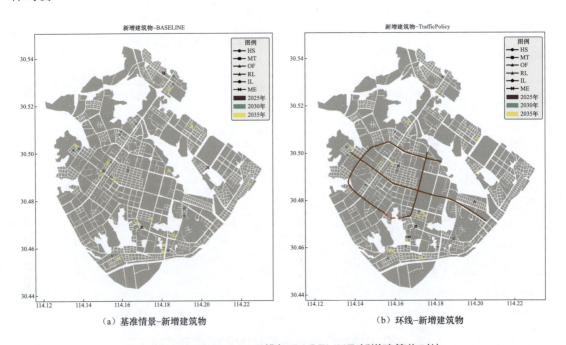

（a）基准情景-新增建筑物   （b）环线-新增建筑物

图 7-23 TrafficPolicy-环线与 BASELINE 新增建筑物对比

进一步分析显示，环线改造对该区域的影响主要体现在两个关键方面：

（1）开发商模型的响应：改造后的环线提高了该区域的交通可达性和连接性，使得原本较为偏远或交通不便的区域成为开发商和投资者的新焦点。由于交通流动性的提升，这些区域的土地价值和吸引力增加，导致开发密度和规模的上升。

（2）人口与就业的增长：交通改善直接影响了区域的居住和工作环境，使得该区域能够吸引更多的居民和企业入驻，从而促进人口增长。随着人口的增加，区域内的就业机会也会相应增加，进一步促进了经济活动的增长和多样化。

这些因素共同作用，不仅提升了沌口环线南部及其衔接区域的发展活力，也有助于推动整个经开区的空间利用效率和城市发展的均衡。通过这样的分析，我们可以更好地理解环线政策对于区域发展模式的影响，以及如何通过策略性的基础设施投资来引导和优化城市扩展和经济活动。

（六）政策情景实施后的评价结果

在实施沌口环线政策后，通过评价模型进行了细致的分析，比较政策情景与基准情景在2035年的差异和影响。主要目的是展现政策实施后在土地利用和交通协调方面的具体成效。

为了确保比较的一致性，采用了直接对比两个情景在预测年（2035年）的耦合协调度值的方法。

（1）基准情景耦合协调度对比：首先，对基准情景的基础年（2020年）与预测年（2035年）的耦合协调度进行了对比。如图7-24所示，可以观察到耦合协调度下降的地块数量显著多于上升的地块。这些变化主要出现在水域附近的区域，这与区域内部的开发限制有关，导致了土地交通发展不协调情况。

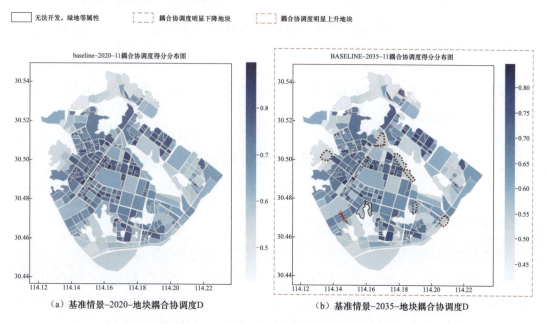

（a）基准情景-2020-地块耦合协调度D　　　　（b）基准情景-2035-地块耦合协调度D

图 7-24　基准情景地块耦合协调度对比

（2）基准情景与政策情景耦合协调度对比：图7-25展示了2035年基准情景与政策情景的耦合协调度对比情况。该图揭示了政策情景下耦合协调度明显提高的地块主要集中在南部，尤其是沌口环线南部周围的地块。这表明环线改造促进了这些区域的土地使用与交通发展的更好整合，特别是在提高交通流通性和土地使用效率方面取得了显著进展。通过改善基础设施和增强区域连接性，这些地区的开发潜力被有效激活，进而推动了更高的经济活动和更优的生活质量。

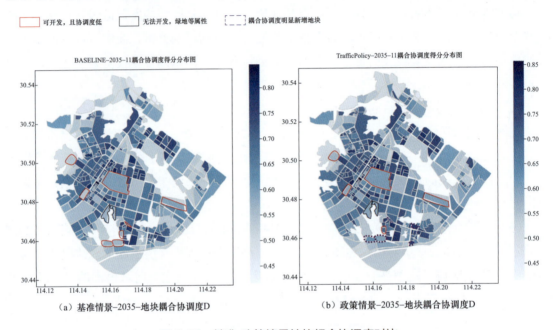

图 7-25　基准-政策情景地块耦合协调度对比

整体协调度的提高从0.7102到0.7906，反映了政策情景下整个研究区域的土地利用和交通系统的综合效益显著增强。这种增强不仅是数字上的提升，而是实际上对区域功能和生活质量的改善。

第三节　通顺大道汤湖段项目案例

一、现状问题诊断

（一）现状路网分析

如图7-26可知，通顺大道南北向串联沌口产业组团、军山新城及纱帽综合组团，是三大片区之间交通出行的重要城市通道（现状仅有汉洪高速一条收费通道），道路的打通建设将进一步促进区域协调发展，为经开区各组团间快速联系提供有力支撑。

通顺大道为片区交通性主干路，承担着连接城市各主要分区，以交通功能为主。通顺大道在经开区包含三段，中段（硃山湖南路至黄陵矶大道段）已通车多年，南延线正在实施中，北延线汤湖段亟须拉通。

图 7-26　现状路网

（二）交通量需求分析

图 7-27 展示了现状万家湖片区的交通流向情况，主要分为三个方向：70%流向北部工业园区；15%流向西部工业区；15%流向东部居民区。万家湖的内部交通网络由纵向的东荆北路和沌口一路以及横向的东荆一路和二路构成。外部交通网络则包括纵向的万家湖路、江城大道和车城东路，以及横向的沌口路和东荆河路。

交通量分布图 7-28 显示，万家湖片区的沌口路、东荆河路和万家湖路承担了较大的交通负荷。目前，通顺大道在该片区为断头路，尚未连接南北方向的主要交通，导致万家湖路成为主要的南北通道。因此，迫切需要打通通顺大道，不仅可以平衡万家湖片区的内部交通负荷，还能有效承接经开区的南北向过境交通。这一举措将显著优化整体交通流动性，有助于提升区域交通网络的效率与可持续性。

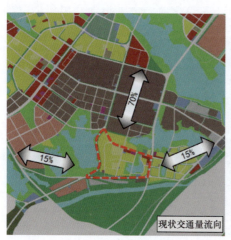

图 7-27　现状万家湖社区交通流向情况

（三）基准情景下的评价结果

沌口环线项目下的基准情景分析结果仍适用于通顺大道汤湖段，基准情景下，现状交通和土地发展水平评分值如图 7-2 所示，土地交通耦合协调度如图 7-3 所示。主要有以下几个结论：

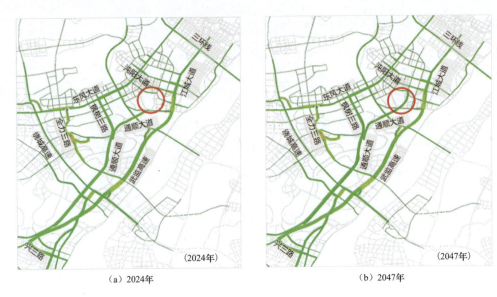

(a) 2024年 (b) 2047年

图 7-28　交通量分布图

（1）交通发展情况：研究区域的南部地区交通发展水平较中部地区明显偏低。

（2）整体协调情况：研究区域大部分地块处于基本协调或更高的状态，表明在这些地区土地利用和交通系统的发展较为协调。

（3）汤湖附近的特殊情况：汤湖周围的地块耦合协调度得分明显较低。分析表明，这主要是由于土地利用效率低下和交通设施不足所致。

综合以上分析，通顺大道的完善建设是必要的。它将通过提升汤湖及周边地区的土地使用效率和优化交通网络，实现区域内外交通负担的重新分配，从而达到提升整体区域协调发展的目的。

二、工程背景

通顺大道北延线（东荆河路至车城南路段）工程旨在完善区域主干路网体系，打通断头路，促进区域协同发展。该延线全长 2199.545m，其中新建道路长度为 1910.790m，改造道路长度为 288.76m，如图 7-29 所示。通顺大道按照双向六车道标准建设，设计车速为 50km/h。

通顺大道北沿线案例中的政策情景涉及的交通网络规划即通顺大道北延线工程，预计于 2030 年建成。将该政策情景的情景名称命名为 TrafficPolicy-通顺。其他情景设置与沌口环线案例一致。

三、情景模拟及结果分析

与沌口环线方案不同，通顺大道汤湖段案例采用了更大的分析尺度：社区尺度。除分区图与沌口环线项目不同外，其他基础数据均保持一致。研究区域社区分区图如图 7-30 所示。

图 7-30 显示，通顺大道汤湖段主要贯穿了万家湖社区。在进行政策情景模拟后，我们直接对比政策情景和基准情景的结果，讨论通顺大道汤湖段工程实施对土地利用和交通的影响。

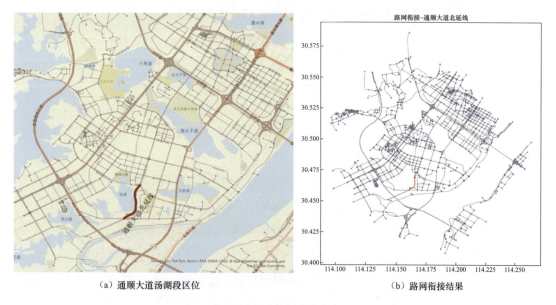

（a）通顺大道汤湖段区位　　　　　　　（b）路网衔接结果

图 7-29　通顺汤湖段项目区位及路网衔接结果

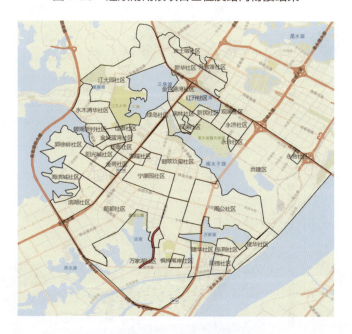

图 7-30　社区分布图

（一）通顺情景人口和就业岗位分布变化

图 7-31～图 7-34 分别为基准情景下和通顺情景下的人口和就业岗位差值分布对比图。

（1）在人口和就业增长分布趋势上，通顺情景整体与基准情景类似。

（2）通顺情景下，人口增长主要集中在研究区域的南部和东部。结合社区分布图可知，万家湖社区、共建区和翡翠玖玺社区是人口增长较为显著的区域。而研究区域西南部（水木清华社区、金色港湾社区和海滨城社区）也有部分人口增加。

（3）通顺情景下，就业岗位的增长则主要集中在新都社区、周公社区和共建社区等区域，这些区域同样位于研究区域的南部和东部。就业岗位的增加不仅反映出这些区域经济活力的提升，也表明南部和东部区域逐渐成为城市发展的重要引擎。

（4）从现状人口分布图来看，现状研究区域的人口主要集中在西北部，南部的人口分布相对较少。然而，西北区域因前期开发较多，已具备了较完善的基础设施和发展潜力，西北部仍是人口增长的重要区域。

（5）总体而言，研究区域的人口和就业岗位呈现出从西北部向南部和东部扩散的趋势，人口增长与就业岗位增长相辅相成，为区域发展注入了活力。这种趋势不仅体现了区域功能分区的优化，也反映了城市规划和政策导向的成果，预示着南部和东部将成为未来发展的重要驱动力。

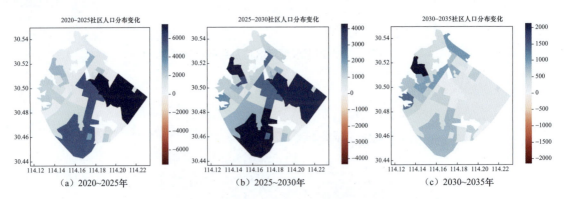

图 7-31　Baseline-基准-人口变化对比图

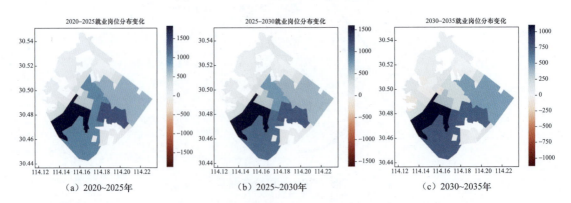

图 7-32　Baseline-基准-人口变化对比图

（二）通顺–基准情景的人口和就业岗位分布差值对比

通顺大道的主要功能是承接经开区的南北向过境交通，起到了缓解城市交通压力和改

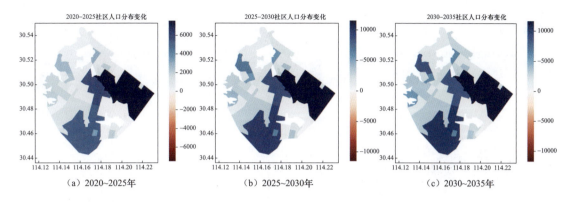

图 7-33 TrafficPolicy-通顺-人口变化对比图

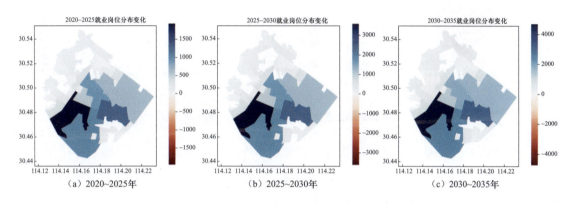

图 7-34 TrafficPolicy-通顺-就业岗位变化对比图

善南北交通通行的作用。为进一步分析通顺大道对研究区域的影响，将通顺情景与基准情景进行对比，得到社区尺度下的人口和就业分布差值对比图，如图 7-35 所示（通过通顺情景值减去基准情景值计算差值）。

（1）结合通顺情景和基准情景的人口与就业分布变化（图 7-31～图 7-34）可知，西北部仍然是人口增长的重要区域。然而，研究区域的人口和就业岗位整体呈现出从西北部向南部和东部扩散的趋势。这一趋势主要与西北部开发较为完善，以及南部和东部拥有更多可开发地块密切相关。

（2）从通顺情景和基准情景人口分布差值对比图［图 7-35（a）］可知，与基准情景相比，通顺大道沿线区域，尤其是南部和中部的人口数量略低于基准情景。这表明，尽管通顺大道改善了交通条件，但其过境功能使得这些区域并未显著吸引人口流入。相反，人口向更具居住吸引力和设施更完善的西北部区域迁移。

（3）从图 7-35（b）就业差值图可知，通顺情景下，通顺大道两侧及中部区域的就业岗位有所增加。这与图 7-37 中新增建筑物的分布相一致。通顺大道沿线新增的这些建筑物多为商业或办公用途，为区域提供了新的就业机会。虽然通顺大道对人口集聚的影响有限，但它通过改善交通流动性，为就业岗位的增加创造了条件，尤其是在中部和靠近交通枢纽的地块。

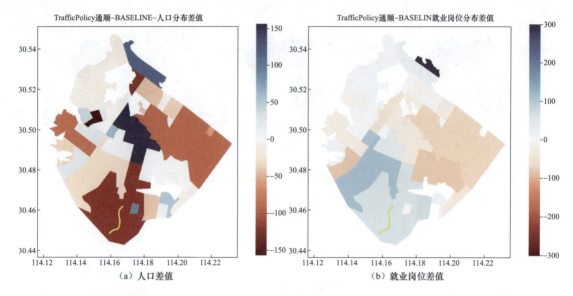

（a）人口差值　　　　　　　　　　　　　（b）就业岗位差值

图 7-35　基准和通顺情景的人口和就业岗位分布差值对比图

（4）总体而言，通顺大道的建设对人口流动的直接影响不大，部分区域甚至出现了人口流失，是由于该道路以过境为主，生活吸引力相对较弱。然而，通顺大道带来的交通便利提升了沿线和中部区域的就业机会，推动了非居住建筑物的开发，使这些区域成为就业岗位增长的热点。

（三）新增建筑物分布对比

社区尺度下，通顺情景和基准情景的新增建筑物数量分布图分别如图 7-36、图 7-37 所示，展示了研究区域不同时期内新增建筑物的空间分布，颜色越深表示建筑增长越多。

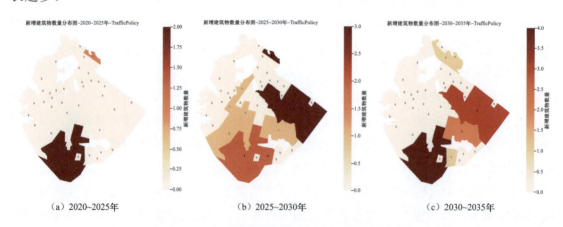

（a）2020~2025年　　　　　　　　（b）2025~2030年　　　　　　　　（c）2030~2035年

图 7-36　社区尺度-通顺情景新增建筑物数量分布图

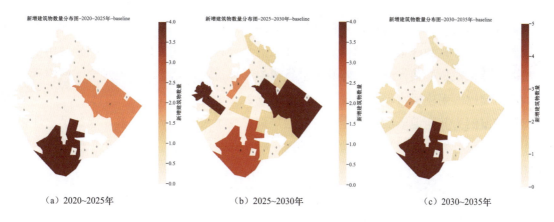

图 7-37　社区尺度-基准情景新增建筑物数量分布图

（1）通顺情景下，2020～2025 年，新增建筑物主要集中在区域的南部，少量分布在北部。2025～2030 年，新增建筑物分布特点表现出：建筑物增长的范围从南部扩展到中部和东部，南部的深色区域进一步扩大，中东部的建筑增长也明显增强。2030～2035 年，新增建筑物的分布范围进一步扩大，南部的增长强度维持高水平，同时东部和中部的增长幅度也显著加快。北部的增长略有提升，但整体仍以浅色为主，说明开发节奏较为缓慢。

（2）在社区尺度下，通顺大道的建设对新增建筑物的空间分布产生了显著影响，呈现出明显地向通顺大道沿线集中的趋势。特别是在靠近通顺大道的万家湖社区，建筑物数量的增长尤为显著，反映了交通基础设施对区域开发的显著引导作用。

（3）通顺大道的建设提升了沿线区域的交通可达性，增强了这些区域对建筑开发的吸引力，使得新增建筑物更多集中在交通条件改善的区域。这一趋势从社区尺度上反映了交通基础设施建设对土地利用模式和城市发展的重要影响，表明交通政策的实施能够有效引导资源配置，促进区域协调发展。

（四）评价结果

下面对比了基准情景和通顺政策情景在 2035 年的整体协调度值。

（1）基准情景（2035 年）：在未实施任何新增政策的情况下，该区域的整体协调度为 0.7102，这表明土地利用与交通系统处于中度协调状态。这种协调度反映了区域内部土地利用的效率及交通系统的发展水平还有待提高。

（2）通顺政策情景（2035 年）：实施了针对性的通顺大道拓展和改善措施后，区域整体协调度显著提升至 0.809，进入了土地利用与交通系统良好协调的等级。这种提升说明了政策的有效性，尤其是在提高区域交通连通性和优化土地资源配置方面的积极效果。

第四节　本　章　小　结

本章以武汉经济技术开发区的工程实践为例，展示了国土空间与交通规划一体化理论在实际项目中的应用。通过沌口环线项目和通顺大道汤湖段项目的详细分析，阐述了从问题诊断、方案优化到政策情景模拟及效果评估的全过程。在案例分析中，充分运用了前文提出的一体化模型框架，结合实际数据进行模拟和评价，展示了如何通过交通网络优化、土地利用调控等手段解决城市发展中的实际问题。

这些案例为其他地区的国土空间与交通规划提供了宝贵的实践经验，验证了一体化理论和方法的可行性和有效性，有助于推动国土空间与交通规划一体化在更广泛范围内的应用和发展。

参 考 文 献

［1］ Lowry I S. A model of metropolis ［M］. Rand Corporation，1964.

［2］ Duthie J，Kockelman K，Valsaraj V. Applications of integrated models of land use and transport：a comparison of itlup and urbansim land use models ［C］//54th Annual North American Meetings of the Regional Science Association. International，held November. 2007.

［3］ 王聃同. UrbanSim 模型应用研究—城市土地利用与交通一体化仿真模拟 ［D］. 北京：中国地质大学（北京），2015.

［4］ 谭琦川，黄贤金. 城市土地利用与交通相互作用（LUTI）研究进展与展望 ［J］. 中国土地科学，2018，32（7）：81-89.

［5］ Hunt J D. A description of the meplan framework for land use and transport interaction modelling ［M］. University of Calgary，1997.

［6］ Capelle T，Sturm P，Vidard A，et al. Calibration of the tranus land use module：optimisation-based algorithms，their validation，and parameter selection by statistical model selection ［J］. Computers，Environment and Urban Systems，2019，77：101146.

［7］ Simmonds D C. The design of the delta land-use modelling package ［J］. Environment and Planning B：Planning and Design，1999，26（5）：665-684.

［8］ Su H，Wu J H，Tan Y，et al. A land use and transportation integration method for land use allocation and transportation strategies in China ［J］. Transportation Research Part A：Policy and Practice，2014，69：329-353.

［9］ Wegener M. Modeling urban decline：a multilevel economic-demographic model for the dortmund region ［J］. International Regional Science Review，1982，7（2）：217-241.

［10］ Moore Ⅱ J E，Kim T J. Mills'urban system models：perspective and template for lute（land use/transport/environment）applications ［J］. Computers，Environment and Urban Systems，1995，19（4）：207-225.

［11］ Kain J F. Computer simulation models of urban location ［M］//Handbook of regional and urban economics. Elsevier，1987，2：847-875.

［12］ Mackett R L. Comparative analysis of modelling land-use transport interaction at the micro and macro levels ［J］. Environment and Planning A：Economy and Space，1990，22（4）：459-475.

［13］ Martinez F. MUSSA：land use model for santiago city ［J］. Transportation Research Record，1996，1552（1）：126-134.

［14］ Waddell P，Outwater M，Bhat C，et al. Design of an integrated land use and activity-based travel model system for the puget sound region [J]. Transportation Research Record: Journal of the Transportation Research Board, 2002, 1805 (1): 108-118.

[15] Chaudhuri G, Clarke K. The sleuth land use change model: a review [J]. Environmental Resources Research, 2013, 1 (1): 88-105.

[16] Verburg P, Overmars K. Dynamic simulation of land-use change trajectories with the clue-s model [J]. Modelling land-use change: Progress and applications, 2007: 321-337.

[17] Parker D C, Manson S M, Janssen M A, et al. Multi-agent systems for the simulation of land-use and land-cover change: a review [J]. Annals of the association of American Geographers, 2003, 93 (2): 314-337.

[18] Evans T P, Kelley H. Multi-scale analysis of a household level agent-based model of land cover change [J]. Journal of environmental management, 2004, 72 (1-2): 57-72.

[19] Torrens P M, O'Sullivan D. Cellular automata and urban simulation: where do we go from here? [J]. Environment and planning B: planning and design, 2001, 28 (2): 163-168.

[20] Gerber P, Caruso G, Cornelis E, et al. A multi-scale fine-grained luti model to simulate land-use scenarios in luxembourg [J]. Journal of Transport and Land Use, 2018, 11 (1): 255-272.

[21] Nugraha A T, Waterson B J, Blainey S P, et al. Unravelling the dynamics behind the urban morphology of port-cities using a luti model based on cellular automata [J]. Computers, Environment and Urban Systems, 2022, 92: 101733.

[22] Wang Y, Monzon A, Ciommo F D. Assessing the accessibility impact of transport policy by a land-use and transport interaction model-the case of madrid [J]. Computers, Environment and Urban Systems, 2015, 49: 126-135.

[23] Basu R, Ferreira J, Ponce-Lopez R. A framework to generate virtual cities as sandboxes for land use-transport interaction models [J]. Journal of Transport and Land Use, 2021, 14 (1): 303-323.

[24] Guzman L A. A strategic and dynamic land-use transport interaction model for bogotá and its region [J]. Transportmetrica B: Transport Dynamics, 2019, 7 (1): 707-725.

[25] Sarri P, Kaparias I, Preston J, et al. Using land use and transportation interaction (luti) models to determine land use effects from new vehicle transportation technologies: a regional scale of analysis [J]. Transport Policy, 2023, 135: 91-111.

[26] Cordera R, Nogués S, González-González E, et al. Modeling the impacts of autonomous vehicles on land use using a luti model [J]. Sustainability, 2021, 13 (4): 1608.

[27] 陆化普，王建伟，袁虹. 基于交通效率的大城市合理土地利用形态研究 [J]. 中国公路学报，2005 (3): 109-113.

[28] 杨励雅. 城市交通与土地利用相互关系的基础理论与方法研究 [D]. 北京：北京交通大学，2007.

[29] 安居，李健，刘小明. 交通瓶颈对区域土地利用的制约研究 [J]. 山西建筑，2007 (14): 15-17.

［30］刘志伟. 基于可达性的土地利用与交通需求模型［D］. 南京：东南大学，2014.

［31］江航，胡列格，王佳，等. 城市土地利用与多模式交通一体化模型［J］. 铁道科学与工程学报，2011，8（4）：95-99.

［32］赵丽元. 基于 GIS 的土地利用交通一体化微观仿真研究［D/OL］. 中国：西南交通大学，2011.

［33］杨励雅，邵春福，聂伟，等. 基于 TOD 模式的城市交通与土地利用协调关系评价［J］. 北京交通大学学报，2007（3）：6-9.

［34］谢文智. 城市土地利用与交通互动的系统动力学模型探讨［J］. 青海科技，2022，29（3）：99-103.

［35］Niu F，Wang F，Chen M. Modelling urban spatial impacts of land-use/ transport policies［J］. Journal of Geographical Sciences，2019，29（2）：197-212.

［36］UrbanSim：Modeling Urban Development for Land Use，Transportation，and Environmental Planning.［J］. Journal of the American Planning Association，2002，68（3）：297-297.

［37］Waddell P，Ulfarsson G F. Introduction to urban simulation: design and development of operational models［M］. Hensher D A，Button K J，Haynes K E，et al.，eds.//Handbook of Transport Geography and Spatial Systems. Emerald Group Publishing Limited，2004：203-236.

［38］Waddell，Paul. UrbanSim：modeling urban development for land use，transportation，and environmental planning［J］. Journal of the American Planning Association，2002，68：297-314.

［39］赵鹏军，万婕. 城市交通与土地利用一体化模型的理论基础与发展趋势［J］. 地理科学，2020，v.40（01）：15-24.

［40］Oryani K，Harris B. Review of land use models：theory and application［J］. 1997.

［41］Addie J P D. Urban（izing）university strategic planning：an analysis of london and new york city［J］. Urban Affairs Review，2019，55（6）：1612-1645.

［42］Echenique M H，Hargreaves A J，Mitchell G，et al. Growing cities sustainably：does urban form really matter?［J］. Journal of the American Planning Association，2012，78（2）：121-137.

［43］牛方曲，刘卫东，宋涛. LUTI 模型原理、实现及应用综述［J］. 人文地理，2014，29（4）：31-35+118.

［44］牛方曲，王志强，胡月，等. 基于经济社会活动视角的城市空间演化过程模型［J］. 地理科学进展，201534，（01）：30-37.

［45］Miller E J. Integrated urban modeling［J］. Journal of Transport and Land Use，2018，11（1）：387-399.

［46］苏海龙，谭迎辉，周锐，等. 基于规划过程的我国土地使用与交通一体化规划研究展望［J］. 城市发展研究，2013，20（09）：66-72.

［47］吕明，程歆. 多源数据融合的出行者画像研究［J］. 科技创新导报，2017，14（10）：143-144+146.

［48］张晓鹏. 基于多源数据融合的城市出行需求预测方法研究［D］. 吉林大学，2018.

［49］刘少晔. 基于多源数据融合的城市公交客流 OD 需求推断方法研究［D］. 东南大学，2019.

［50］苏跃江，温惠英，韦清波，吴德馨. 多源数据融合驱动的居民出行特征分析方法［J］. 交通运输系统工程与信息，2020，20（05）：56-63.

［51］刘伟玲．基于模糊元胞自动机的城市土地利用多情景空间演化模拟［D］．辽宁师范大学，2019.

［52］樊宏哲．城市交通的精细化规划与设计研究［J］．城市建设理论研究，2019（34）：10.

［53］余二威，简兆祥，李娟．拱北湾精细化的交通规划设计实践［J］．城市地理，2016（06）：175-176.

［54］王殿海．开发区土地利用与交通规划模型研究［D］．北京：北方交通大学博士学位论文，1995.

［55］过秀成．城市集约土地利用与交通系统关系模式研究［D］．东南大学博士学位论文．2001.

［56］王炜，陈学武，陆建．城市交通系统可持续发展理论体系研究［M］．北京：科学出版社．2004.

［57］张高军．城市土地利用交通需求相关关系的理论研究—以南京为例［D］．南京：东南大学硕士学位论文，1998.

［58］李俊芳，吴小萍．基于 AHP. FUZZY 多层次评判的城市轨道交通线网规划方案评价［J］．武汉理工大学学报：交通科学与工程版，2007，31（2）：205-208.

［59］赵丽元．基于 GIS 的土地利用交通一体化微观仿真研究［D］．西南交通大学博士论文，2011.

［60］Krawczak M，Nikolaus S，Von Eberstein H，et al. PopGen：population-based recruitment of patients and controls for the analysis of complex genotype-phenotype relationships［J］. Public Health Genomics，2006，9（1）：55–61.

［61］Nowok B，Raab G M，Dibben C. Synthpop: bespoke creation of synthetic data in r［J］. Journal of statistical software，2016，74：1-26.

［62］Templ M，Meindl B，Kowarik A，et al. Simulation of synthetic complex data: the r package simpop［J］. Journal of Statistical Software，2017，79（10）

［63］中南财经政法大学人口与健康研究中心．湖北省未来人口发展形势预测［EB/OL］.（2023-06-07）［2024-02-15］. https：//phcenter.zuel.edu.cn/phcenter_kycg/phcenter_cont/news-3499.html

［64］McFadden D. Modelling the choice of residential location［J］. 1977.

［65］史进，童昕，张洪谋，等．基于 UrbanSim 的城市居住与就业空间互动模拟——以宜昌市为例［J］．北京大学学报（自然科学版），2013，49（6）：1065-1074.

［66］陈水平．住宅小区选房模型研究［D/OL］．北京：清华大学，2014.

［67］Hansen W G. How accessibility shapes land use［J］. Journal of the American Institute of Planners，1959，25（2）：73-76.

［68］高巍，欧阳玉歆，赵玫，等．公共服务设施可达性度量方法研究综述［J］．北京大学学报（自然科学版），2023，59（02）：344-354.

［69］Peeters D，Thomas I. Distance predicting functions and applied location-allocation models.：some simulations based on the l p norm and the k-median model［J］. Journal of Geographical Systems，2000，2（2）：167-184.

［70］Buckley A，Frye C. Lessons learned in cartographic data modeling［J］. 2007.

［71］Demetriou D，Stillwell J，See L. LandParcelS：a module for automated land partitioning［J］.

［72］Wickramasuriya R，Chisholm L A，Puotinen M，et al. An automated land subdivision tool for urban and regional planning: concepts, implementation and testing [J]. Environmental Modelling & Software, 2011, 26 (12): 1675-1684.

[73] Dahal K R, Chow T E. A gis toolset for automated partitioning of urban lands [J]. Environmental Modelling & Software, 2014, 55: 222-234.

[74] Yuan P, Juan Z. Urban road network evolution mechanism based on the 'direction preferred connection' and 'degree constraint' [J]. Physica A: Statistical Mechanics and its Applications, 2013, 392 (20): 5186-5193.

[75] 陈小鸿, 陈先龙, 李彩霞, 等. 基于手机信令数据的居民出行调查扩样模型 [J]. 同济大学学报 (自然科学版), 2021, 49 (1): 86-96.

[76] 杜志强, 黄冬宁, 丁火平, 等. 融合 POI 数据的建成区人口数据空间化方法——以武汉市为例 [J]. 地理信息世界, 2021, 28 (1): 21-25.

[77] 吴焕, 陈梓星, 庄义彬, 等. 居民出行调查数据扩样及校核方法应用研究 [J]. 交通工程, 2021, 21 (4): 67-73.

[78] 王少玲. 基于心理账户理论的居民出行方式决策研究 [D]. 西安: 长安大学, 2021.

[79] 陈林, 杨飞, 姜海航, 等. 基于心理账户理论的交通出行选择行为 [J]. 上海交通大学学报, 2016, 50 (08): 1214-1220.

[80] 陈科. 中心城—外围组团用地形态—客运需求—交通配置一体化研究 [D]. 西安: 西安交通大学, 2012.

[81] 张雪洁, 王成新, 王博洋, 等. 交通路网中心性对国土空间强度的影响研究—以青岛市中心城区为例 [J]. 人文地理, 2022, 37 (06): 161-170.

[82] 赵哲, 曾晨, 程轶皎. 交通路网的空间外溢性对土地集约利用的影响—以京津冀城市群为例 [J]. 经济地理, 2020, 40 (07): 174-183.

[83] 王梦成. 交通基础设施对城市国土空间效率的影响及门槛效应研究 [D]. 武汉: 华中科技大学, 2022.

[84] Gao L, Chong H, Zhang W, et al. Nonlinear effects of public transport accessibility on urban development: A case study of mountainous city [J]. Cities, 2023, 138 (1): 104340.

[85] 王春才. 城市交通与国土空间的相互作用机制研究 [J]. 西安工程科技学院学报, 2006 (6): 749-752.

[86] 公维勇, 高建杰, 焦海贤. 交通空间需求、交通系统与国土空间关系探讨 [J]. 重庆交通大学学报 (社会科学版), 2010 (6): 20-22.

[87] MILLER E, KRIGER D S, HUNT J D. Integrated urban models for simulation of transit and land-use policies [R]. Final Report for World Bank Project H-12, TCRP Web, 1998.

[88] 陆化普. 城市国土空间与交通系统的一体化规划 [J]. 清华大学学报 (自然科学版), 2006 (9): 1499-1504.

[89] 罗铭, 陈艳艳. 交通—土地利用复合系统协调度模型研究 [J]. 武汉理工大学学报: 交通科学与工程版. 2008 (04).

[90] 张玉玲. 北京市轨道交通与国土空间协调关系评价研究 [D]. 北京：北京交通大学，2017.

[91] 林耀奔，叶艳妹，杨建辉. 浙江省城市国土空间集约化与生态化协调性评价 [J]. 中国土地科学，2019，33（01）：65-72.

[92] 王富强，应卓晖，吕素冰，等. 京津冀地区水-经济-生态耦合协调发展特征评价 [J]. 水资源保护，2022，38（05）：80-86.

[93] Han D，Chen L，Wu H，et al. Evaluation on coupling coordinated development of population economy and eco-geological environment in the twin-city economic circle of Chengdu-Chongqing region [J]. Scientific Reports，2023，13（1）：13459.

[94] 丁正祥，欧雪峰，罗鑫，等. 基于 AHP-熵权法的轨道工程评价指标赋权研究 [J]. 交通科学与工程，2021，37（04）：8-13.

[95] Pan X，Liu H，Huan J，et al. Allocation model of carbon emission permits for the electric power industry with a combination subjective and objective weighting approach [J]. Energies，2020，13：706.

[96] 彭涛，魏伟，崔崔，等. 基于双重熵值修正指标赋权的电网接收用户资产综合价值评估方法 [J]. 现代电力，2022，39（06）：694-701.

[97] 李晓菲，缪建明，沈丙振. 基于改进方差最大化的主客观组合赋权方法 [J]. 火力与指挥控制，2022，47（03）：124-128.

[98] 陈婷. 重庆市国土空间协调度评价与模拟预测研究 [D]. 重庆：重庆交通大学，2020.

[99] Sun Y，Cui Y. Evaluating the coordinated development of economic，social and environmental benefits of urban public transportation infrastructure：Case study of four Chinese autonomous municipalities [J]. Transport Policy，2018，66：116-126.

[100] Ji X M，Wang K，Ji T，et al. Coupling analysis of urban land use benefits: a case study of xiamen city [J]. Land，2020，9（5）：155.

[101] Zheng J. Design and implementation of b/s architecture in university office automation system [J]. Biotechnology：An Indian Journal，2014，10（22）：13815-13820.